W0221750

Christian Mann

Die besten Methoden für den Musikunterricht

Praxisorientierte Ideen und Unterrichtsbeispiele für die Grundschule

Verlag an der Ruhr

IMPRESSUM

Titel

Die besten Methoden für den Musikunterricht

Praxisorientierte Ideen und Unterrichtsbeispiele für die Grundschule

Autor

Christian Mann

Titelbildmotiv

Mario Monecke (McMonny)

Verlag an der Ruhr

Mülheim an der Ruhr

www.verlagruhr.de

Geeignet für die Klassen 1–4

Unser Beitrag zum Umweltschutz:

Wir sind seit 2008 ein ÖKOPROFIT®-Betrieb und setzen uns damit aktiv für den Umweltschutz ein. Das ÖKOPROFIT®-Projekt unterstützt Betriebe dabei, die Umwelt durch nachhaltiges Wirtschaften zu entlasten. Unsere Produkte sind grundsätzlich auf chlorfrei gebleichtes und nach Umweltschutzstandards zertifiziertes Papier gedruckt.

ISBN 978-3-8346-2504-5

Printed in Germany

RHYTHMUS ERLEBEN UND LIEDER GESTALTEN 9

MELODIEN SPIELEN UND LIEDER BEGLEITEN 61

MUSIK MIT DER STIMME ERFAHREN 91

ZEITREISE – MUSIKKULTUR UND MUSIKGESCHICHTE 127

ANHANG 155

VORWORT

Liebe Kollegen,*

Kinder lieben Musik, jedenfalls solange sie selbst Musik aktiv ausüben dürfen. Der Spagat zwischen der Vermittlung lehrplanrelevanter Inhalte und dem Spaß am Musizieren an sich ist eine große Herausforderung für alle Pädagogen. Die sehr geringe Anzahl an Musikstunden in den Stundentafeln der meisten Grundschulen erschwert unsere Arbeit weiter.

In diesem Buch finden Sie eine Vielzahl an Methoden, die den Spaß am eigenen Singen und Musizieren in den Mittelpunkt stellen. Schüler im Grundschulalter erleben abwechslungsreiche, ansprechende Musikstunden, bei denen fast „nebenbei" musikalische Inhalte vermittelt werden. Frei nach dem **Motto „Macht Musik!"** erleben Kinder Rhythmen mit dem ganzen Körper oder setzen sie auf Gegenständen des Klassenraums um. Sie spielen einfache Melodien und begleiten damit bekannte Lieder auf Instrumenten. Sie lernen mithilfe ansprechender Lieder, die Stimme bewusst zum Erfassen von Musik zu verwenden, und verbessern damit den Klassengesang bis zur Auftrittsreife. Atemübungen werden, als „Beatbox" verpackt, sogar für vorpubertäre „coole" Jungen und Mädchen ansprechend. Auch klassische Musik und deren Komponisten werden durch den Einsatz moderner Medien, weg von „Lerntexten", sondern vielmehr über den Bezug zur Lebenswelt des Kindes als interessant und sogar aufregend empfunden.

Dafür habe ich mit Schülern Hilfsmittel, wie den „Rhythmusstreifen", für die Hand des Kindes entwickelt, um beispielsweise einfache Rhythmuspatterns zu lesen, zu spielen sowie selbst zu erfinden und aufzuschreiben. Auch „das stumme Klavier", eine kombinierbare Schablone zum Lesen von Tonhöhen und zum Spielen dieser Töne auf einem Klavier oder Keyboard, können Sie als Download (s. S. 8 „Hinweis")herunterladen. Durch die zahlreichen Hilfsmittel, Visualisierungen und Erklärungen können auch fachfremde Lehrer mit den beschriebenen Methoden den Musikunterricht aufwerten und interessanter gestalten.

Jede Methode wird anhand eines praktischen Unterrichtsbeispiels genauer beschrieben, sodass Sie einen besseren Einblick in eine mögliche Umsetzung der Methode erlangen. Jedem Unterrichtsbeispiel haben wir eine Angabe über die **empfohlene Klassenstufe** beigefügt, z. B.:

1/2

Jedoch sollten Sie dabei niemals die Vorkenntnisse Ihrer Klasse außer Acht lasssen.

Damit Sie die Unterrichtsbeispiele im Unterricht problemlos umsetzen können, wird jede Übung ergänzt durch Liedtexte, Noten und die Punkte **Vorbereitung**, benötigte **Materialien und einen Durchführungsvorschlag.** Alle Methoden können jedoch auch leicht auf andere Lieder, Rhythmen und Themen übertragen werden. Im Glossar (S. 156–159) finden Sie jeweils eine kurze Erklärung zu musikalischen Fachausdrücken.

Die Reihenfolge der Methoden in jedem Kapitel ist nach dem inhaltlichen Anspruch geordnet. Die empfohlenen Altersangaben sind lediglich als Richtwerte zu sehen, da das Leistungsniveau und die Vorerfahrungen von verschiedenen Klassen gerade im Fach Musik sehr weit auseinanderliegen können. Um somit einer individuellen Differenzierung gerecht zu werden, müssen die Methoden nach dem momentanen Stand der Lernenden ausgewählt werden.

* Aus Gründen der besseren Lesbarkeit haben wir in diesem Buch durchgehend die männliche Form verwendet. Natürlich sind damit auch immer Frauen und Mädchen gemeint, also Lehrerinnen, Schülerinnen etc.

Danksagung

Ich bedanke mich an dieser Stelle bei Frau **Dr. Ursula Ismer** von der Universität Erfurt, die mich während meines Studiums als Leiterin des Fachbereiches Musik unterstützte und mir als Grundschullehrer bei der Erstellung dieses Buches fachlich zur Seite stand.

Vielen Dank an den Fotografen **Mario Monecke (McMonny)** und die **Kinder der Barfüßergrundschule in Erfurt**, ohne die dieses Buch um einige schöne Eindrücke ärmer wäre.

Hinweis

Wir haben einige Kopiervorlagen für Sie auf **www.verlagruhr.de/62504** zum Download bereitgestellt.

RHYTHMUS ERLEBEN UND LIEDER GESTALTEN

Die meisten Kinder sind sehr an Instrumenten, vor allem am Erzeugen von Klängen auf diesen, interessiert. Nutzen Sie diese Begeisterung für Ihren Unterricht! Fördern Sie mithilfe der Beispiele in diesem Kapitel die Fähigkeiten, Metrik zu erleben, Rhythmen zu verstehen sowie diese zu reproduzieren und selbst zu erfinden, indem die Kinder

- sich passend zu Musik bewegen,
- einfache Choreografien zum eigenen Singen tanzen,
- Taktschwerpunkte sowie verschiedene Notenwerte mit Bodypercussion darstellen,
- auf Orff-Instrumenten begleiten und ein Kinder-Orchester dirigieren,
- mithilfe grafischer Notation musizieren,
- mithilfe von „Rhythmusstreifen“ einfache Rhythmen lesen, spielen und erfinden und
- selbst Instrumente bauen oder Alltagsgegenstände zum Musizieren nutzen.

1. MUSIKTEMPI DURCH BEWEGUNG ERLEBBAR MACHEN

Ziel dieser Methode ist es, schnelle und langsame Musik in passende Bewegung umzusetzen und hierdurch ein Gefühl für Metrum und Tempo zu entwickeln.

1/2 Unterrichtsbeispiel: **Wie bewegen sich die Tiere?**

Mit dieser Methode erleben die Lernenden durch Darstellung von Tierbewegungen unterschiedliche Tempi am eigenen Körper. Für diese Methode eignen sich vor allem Stücke wie „Karneval der Tiere" von C. Saint-Saëns oder „Peter und der Wolf" von S. Prokofjew.

Material:
Faden, evtl. Klammern, Bildkarten der im Stück vorkommenden Tiere, Musikstück, Abspielgerät

Vorbereitung: —

Durchführung:

1. Legen Sie die Bildkarten in den Sitzkreis und besprechen Sie Folgendes: „Sieh dir die Tiere auf den Bildern in der Kreismitte genau an. Welche Tiere bewegen sich meist langsam, welche Tiere bewegen sich schnell? Ordnet die Bildkarten in der Mitte des Stehkreises von langsam nach schnell."

langsam schnell

2. Spielen Sie die Musik ab und geben Sie den Kindern folgenden Auftrag: „Bewege dich passend zur Musik. Überlege, welches Tier sich hinter jedem Stück versteckt haben könnte. Begründe deine Vermutungen!"
3. Reflektieren Sie mit den Kindern im Anschluss, hinter welchem Motiv sich welches Tier versteckt haben könnte.

Tipp!

Für langsame Bewegungen bietet sich ein schwerfälliges, hin und her schwankendes Vorwärtslaufen zur Musik des Elefanten aus dem „Karneval der Tiere“ an. Wichtig ist hierbei, dass nur Schritte auf die Schwerpunkte des 3/4-Takts gemacht werden. Achten Sie mit den Kindern darauf. Bilden Sie zur Erleichterung eine Art Elefantenkolonie, die hintereinander im Gleichschritt zur Musik marschiert. Ein von den Kindern dargestellter Elefantenrüssel unterstreicht den Titel des Werks.

Programmatische Klangbeispiele, die zu Tieren passen

Bpm (Beats per minute)	**Tier**	**Vertonung**
38 (114)	Elefant	Aus „Karneval der Tiere“, C. Saint-Saëns: „L'Éléphant“
45	Esel	Aus „Karneval der Tiere“, C. Saint-Saëns: „Personnages à longues oreilles“
55 (110)	Katze	Aus „Peter und der Wolf“, S. Prokofjew
86	Raubkatzen	Aus „Karneval der Tiere“, C. Saint-Saëns: „Introduction et marche royale du Lion“ (Löwe)
90	Ente	Aus „Peter und der Wolf“, S. Prokofjew
90 (180)	Pferd (Kür)	„Palladio“, Karl Jenkins
138 (276)	Maus, kleine Nager	Aus „Sylvia“ (3. Akt), L. Delibes: „Divertissement: Pizzicati“
152	Vogel	Aus „Peter und der Wolf“, S. Prokofjew
154	Pferd (Galopp)	„Reiterquartett“ Op. 74/3, Joseph Haydn
185	Gazelle, Zebra, andere Fluchttiere	Aus „Karneval der Tiere“, C. Saint-Saëns: „Animaux veloce (Halbesel – schnelle Tiere)
190	Hühner und Hähne	Aus „Karneval der Tiere“, C. Saint-Saëns: „Poules et coqs“
Schneller werdend	Kängurus	Aus „Karneval der Tiere“, C.Saint-Saëns

2. SCHNELLER WERDENDE TEMPI DURCH BEWEGUNG DARSTELLEN

Für Schüler der dritten und vierten Klasse benötigen Sie schon einen anspruchsvolleren Hintergrund, um sich mit Metrik und verschiedenen Tempi auseinandersetzen zu können. Die schleichend auf den Protagonisten Peer Gynt zukriechenden, hässlichen Trolle aus der Halle des Bergkönigs („Peer Gynt Suite", Edvard Grieg) bieten eine spannende Möglichkeit.

3/4 Unterrichtsbeispiel: **In der Halle des Bergkönigs**

Fast schon gruselig oder, um mit der Kindersprache zu sprechen, „zombimäßig" bewegen sich immer schneller werdende Kinder mit Trollmasken auf Peer Gynt und den Bergkönig in dessen Halle zu.
Hinweis: Eine Kurzfassung der Geschichte finden Sie auf S. 140.

Material:
CD: „In der Halle des Bergkönigs" (Peer Gynt Suite No. 1; Op. 46, 4. Satz – E. Grieg), Abspielgerät, ggf. Trollmasken

Vorbereitung: —

Durchführung:

1. Erzählen Sie den Kindern kurz die Geschichte von Peer Gynt.
2. Fordern Sie die Kinder anschließend auf, die Trolle zu spielen und in langsam enger werdenden Kreisen rhythmisch um Peer Gynt herumzulaufen. Dabei sollten die Kinder darauf achten, den Kreis mit steigender Geschwindigkeit der Musik immer enger zu ziehen.

3. MUSIK DURCH DAS TANZEN MIT TÜCHERN SICHTBAR MACHEN

Mithilfe von Tanzmaterialien, wie Tüchern, können Schüler noch leichter das Gehörte sichtbar machen. Für viele Kinder ist es angenehmer, wenn durch diese Methode das Tuch anstelle des Kindes selbst in den Fokus rückt. So wird niemand belächelt oder muss sich schämen.

1–4

Unterrichtsbeispiel: **Der Frühling** („La primavera" von A. Vivaldi)

Der Frühling hat viele Facetten, die von Kindern mittels verschiedenfarbiger Tücher dargestellt werden können. Damit die Darbietungen überschaubar und bewertbar bleiben, empfehle ich eine Einteilung in zwei Gruppen: Tänzer und Jury.

Material:
farbige Bänder, möglichst an Stäben (Sport), oder Tücher, Abspielgerät, CD: A. Vivaldi: „La Primavera": Op.8 RV 269, 1.Satz

Vorbereitung: —

Durchführung:

1. Spielen Sie die Musik ab und geben Sie folgenden Arbeitsauftrag: „Höre dem Stück „Der Frühling" von Antonio Vivaldi genau zu. Was fällt dir beim Hören dieser Musik ein? Wie klingt sie für dich?"
2. Besprechen Sie kurz mit den Kindern ihre Ideen.
3. Teilen Sie die Klasse in zwei Gruppen (Tänzer und Jury). Kündigen Sie den späteren Gruppenwechsel an, um Frustration zu vermeiden.
4. Geben Sie den Gruppen folgende Arbeitsaufträge:
   „Tänzer: „Nimm dir ein Tuch und bewege dich damit passend zur Musik. Stelle verschiedene Teile unterschiedlich dar.
   Jury: Beobachte genau. Was ist der Gruppe gut gelungen, was könnten die Tänzer noch verbessern?"
5. Lenken Sie die Aufmerksamkeit der Tänzer während des Stücks auf das Vogelgezwitscher und den Sturm, welche in der Musik thematisiert werden.

6. Besprechen Sie mit den Gruppen, wie sich die Tänzer einschätzen, und fragen Sie die Jury nach ihrer Bewertung und ihren Tipps.

7. Nun tauschen die Gruppen die Rollen und die neuen Tänzer versuchen, die genannten Vorschläge umzusetzen.

Tipp!

Schreiben Sie mit den Kindern ihre Vorschläge in eine Art Tanz-Plan. Die Kinder können anschließend auch zu anderen Werken Pläne entwickeln. Sie werden überrascht sein, welche Choreografien selbst den Kleinsten einfallen!

Mögliche tänzerische Umsetzung (Tanz-Plan)

Teil	Interpretation	mögliche Darstellung mit Tuch	Beispielbild
1	Hauptthema Frühling im Laut-leise-Wechsel	• fröhlich mit dem Tuch durch den Raum springen • an leiseren Stellen gehen • mit dem Tuch zur Melodie schwingen	
2	Vogelsang (1. Episode)	• kurze, schnelle Auf- und-ab-Bewegungen mit dem Tuch, als wäre es ein flattern-der Vogel	
3	Thema	siehe Punkt 1	
4	Quellenmurmeln (2. Episode): Wasser fließt, gespeist vom Schmelzwasser, Winde wehen	• wellenförmige, ruhige Bewegungen • eventuell Tuch mit 2 Händen „breit" ziehen	

Teil	Interpretation	mögliche Darstellung mit Tuch	Beispielbild
5	Thema-Variation	siehe Punkt 1	
6	Donner (3. Episode): Donner (tief) und Blitze (hoch) wechseln sich ab	• schnelle Bewegungen • Tuch wie eine Windhose rotieren lassen	
7	Thema-Variation	siehe Punkt 1	
8	Vogelsang (4. Episode): langsamer als in der 1. Episode	• im Kreis gehen • Tuch schwingen lassen	
9	Thema	siehe Punkt 1	
10	Abschlussakkord: sich öffnende Blüte	• Tuch in die linke Hand nehmen und einen Schulterkreis mit den anderen Kindern bilden • alle Tücher im Kreismittelpunkt berühren lassen • beim letzten Akkord Tuch im hohen Bogen vom Innenkreis nach außen führen	

4. TANZEN ZU POPULARMUSIK

Ziel dieser Methode ist es, Kinder für verschiedene Tanzformen zu begeistern und mit viel Freude vorgegebene Choreografien umzusetzen.

Tipp!

Sehr viele Lieder bieten sich zu diesem Zweck an. Fragen Sie ruhig auch Ihre Schüler, ob sie für eine Stunde mal einen Tanz vorbereiten wollen. Im Internet finden Sie viele geeignete Videos, um sich einen Tanz abzuschauen.

2–4 Unterrichtsbeispiel: **Rednex – Scheunentanz**

Der Song „Cotton eye Joe“ der Formation Rednex aus den 1990er-Jahren bereitet Kindern sehr viel Freude und ist einfach aufgebaut. Durch den beschwingten Charakter animiert dieses Lied zu Hüpftänzen.

Material:
CD: „Cotton eye Joe“ (Rednex), Abspielgerät

Vorbereitung:
Studieren Sie selbst die Choreografie ein. Sollte Ihre Klasse sehr wenig Erfahrung mit dem Tanzen haben, machen Sie die Tanzschritte (Tabelle) kurz ohne Musik vor.

Durchführung:

1. Räumen Sie mit den Kindern alle Tische aus dem Weg oder gehen Sie mit der Klasse in die Turnhalle.
2. Geben Sie folgende Anweisungen: „Stellt euch in zwei Reihen gegenüber voneinander auf. Achtet auf meine Ansagen während des Liedes, da ich euch die Bewegungen zurufe. Stellt euch zunächst mit den Armen in den Flanken auf.“
   Spielen Sie nun die Musik ab und rufen Sie den Schülern immer die Tanzschritte zu. Da der Tanz recht einfach ist, müssen Sie in diesem Fall nicht nach und nach die einzelnen Tanzabschnitte einüben. Dies empfiehlt sich jedoch, wenn Sie mit den Kindern eine komplexere Choreografie einstudieren möchten.

Bewegungsabläufe

Teil	Beschreibung	Beispielbild
Intro *paarweise gegenüber*	➡ Ausgangsposition: Kinder stehen sich in 2 Reihen paarweise gegenüber, die Hände sind in die Flanken gestemmt ➡ 2 Takte (bis 8 zählen): rechtes Bein nach außen stellen und im Takt mit der Ferse wippen ➡ danach 2 Takte: linkes Bein nach außen stellen, wippen, wiederholen	
Refrain *paarweise*	➡ paarweise mit dem Gegenüber einhaken und sich 2 Takte im Kreis drehen ➡ nicht eingehakte Hand verbleibt in der Flanke ➡ 2 Takte in eine Richtung kreisen, danach die Arme und Richtung wechseln	
Strophe 1 *in 2 Reihen*	➡ Die Reihen haken sich beim Nachbarn ein und schauen das Gegenüber an, rechtes Bein hoch, linkes Bein hoch usw.	
Strophe 2 *in 2 Reihen*	➡ sich in der Reihe an den Händen halten und abwechselnd in Reihen aufeinander zugehen ➡ Eine Reihe geht auf 1, 2, 3, 4 auf die Reihe gegenüber zu und auf 5, 6, 7, 8 wieder an den Ausgangsplatz zurück	

5. RHYTHMISCH BEWEGEN UND SINGEN

1/2 Unterrichtsbeispiel: **Ich geh mit meiner Laterne**

Dieses Lied ist den meisten Kindern bereits aus dem Kindergarten bekannt.

Material:
ggf. Laternen oder stellvertretend Tücher

Vorbereitung: —

Durchführung:

1. Singen Sie zunächst mit den Schülern das Lied, um zu sichern, dass Melodie und Text in der Klasse bekannt sind.
2. Führen Sie die Bewegungsabläufe (s. u.) ein.

Hinweis:

Die tänzerisch darzustellenden Schwerpunkte liegen auf den punktierten Vierteln, welche immer auf die Zählzeit 1 und 4 fallen. Die Lernenden bewegen sich daher wiegend und langsam von einem Bein auf das andere.

Bewegungsabläufe

Text	Bewegung
Ich geh mit meiner Laterne und meine Laterne mit mir.	Schulterkreis: in Tanzrichtung im Kreis laufen
Da oben leuchten die Sterne	Stirnkreis: in Kreismitte laufen, Laternen nach oben halten
und unten leuchten wir.	rückwärtslaufen zu Stirnkreis, Laternen nach unten nehmen
Ich trag mein Licht und fürcht' mich nicht!	im Metrum wiegen (ganzer Körper)
Rabimmel, rabammel, ra-	Drehung auf der Stelle um die eigene Achse, dabei Schwerpunkt ...
bumm.	... (Zählzeit 1) durch leichten Knicks betonen

6. TANZEN UND SINGEN

Bei dieser Methode geht es darum, dass Kinder beim eigenen Singen Metren erkennen und diese beispielsweise in einem Kreistanz wiedergeben. Achten Sie darauf, dass das Metrum durch „Marschieren", also sichtbar rhythmisches Bewegen der Füße auf die Zählzeiten (Viertel), dargestellt wird.

1–3

Unterrichtsbeispiel:
Der Musik-Song (Brown girl in the ring)

Der Schulfach-Song | Melodie traditionell | Text: C. Mann

Material: —

Vorbereitung: —

Durchführung:

1. Stellen Sie sich mit den Kindern in einem Stehkreis auf und singen Sie mit den Kindern den Musik-Song. Da dieser sehr einprägsam ist, können Sie bereits nach der 2. Wiederholung die Bewegungen einführen.
2. Lassen Sie die Kinder 1, 2, 1, 2 … durchzählen und gehen Sie langsam mit den Kindern die Tanzschritte durch.
3. Fügen Sie Gesang und Bewegung zusammen und wiederholen Sie das Lied mehrfach.

Möglicher Tanz-Plan

Tanzschritte/ Zählzeiten	Text	Bewegung Gruppe 1	Bewegung Gruppe 2
Ausgangs-position		Kinder stehen im Stehkreis und zählen 1, 2, 1, 2 … durch	
1, 2, 3, 4	Jetzt machen wir Musik.	zur Kreismitte „marschieren"	auf der Stelle marschieren
5, 6, 7, 8	Scha-la-la-la-la!	zurück an Ausgangsposition	
1, 2, 3, 4	Jetzt machen wir Musik.	auf der Stelle marschieren	zur Kreismitte „marschieren"
5, 6, 7, 8	Scha-la-la-la-la-la!		zurück an Aus-gangsposition
1, 2, 3, 4	Jetzt machen wir Musik.	zur Kreismitte „marschieren"	auf der Stelle marschieren
5, 6, 7, 8	Scha-la-la-la-la! (Auftakt:) Wir	zurück an Aus-gangsposition	
1, 2, 3, 4, 5	singen und tanzen jetzt dazu.	auf der Stelle marschieren und langsam zu Abklatsch-Partner drehen	auf der Stelle marschieren und langsam zu Abklatsch-Partner drehen
6	High	Hand nach hinten (Schwung holen)	
7	Five!	Hand vor (Partner klatschen ab)	
8	Pause	Ausgangsstellung einnehmen, Tanz wiederholen	

Alternative:

Für die 1./2. Klasse empfiehlt sich für diese Methode das Lied **„Mein Weg zur Schule"** von Rolf Zuckowski mit der Melodie von „Old Mac Donald".

Tipp!

Zu diesem Lied können Sie auch mit der Klasse schnell weitere Strophen texten oder Lieder für andere Fächer und Kontexte erfinden, z. B.:

- *Wir singen jetzt ein Lied …*
- *Wir machen gleich Pause …*

7. DEN SCHWERPUNKT EINES METRUMS KÖRPERLICH DARSTELLEN

Das „Fühlen“ der ersten Zählzeit eines jeden Metrums ist ein Hauptbestandteil rhythmisch korrekten Musizierens und soll mit dieser Methode gefördert werden.

3/4

Unterrichtsbeispiel: **Circle of rhythm – der Rhythmuszirkel**

Ein einfaches afrikanisches Lied als musikalisches Kreisspiel.

Obwisana sana | Volkslied aus Ghana

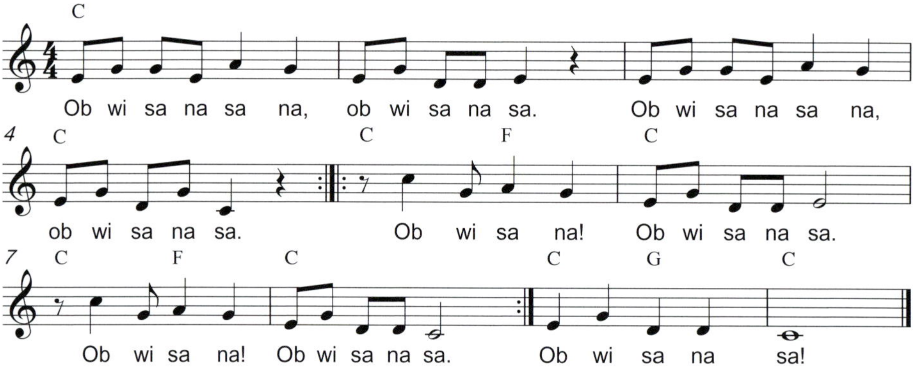

Tipp!

Diese Methode eignet sich hervorragend im Freien.

Material:
Klangstab (e) oder Glockenspiel, Gegenstand zum Weiterreichen (bemalter Stein, Maskottchen o. Ä.).

Vorbereitung:
Üben sie ggf. zuvor die Haltung und Weitergabe des Klatschens (s. u.) im Kreis mit den Kindern ein.

Durchführung:

1. Alle Schüler knien oder stehen mit Blick zur Mitte, achten auf Sie und machen das nach, was Sie vorgeben.
2. Alle zählen immer wieder gemeinsam laut bis vier, wobei immer auf die Zählzeit 1 geklatscht wird. Sie geben dabei den Anfangston (e) auf die erste Zählzeit.
3. Summen oder singen Sie das Lied „Obwisana sana" und behalten Sie den Klatsch-Rhythmus bei.
4. Die Schüler summen oder singen mit und wiegen den Körper im Rhythmus. (Weiter klatschen)
5. Nun wird ein mystifizierter Gegenstand in die Gruppe gegeben (z. B. bemalter Stein, Maskottchen o. Ä.). Der Gegenstand wandert nun von Hand zu Hand (s. u.).
6. Geben Sie anschließend Shaker und weitere Orff-Instrumente als neue Gegenstände während des Singens in die Runde. Der Klang des Taktanfangs wird nun immer interessanter.

8. VERSCHIEDENE NOTENWERTE DURCH BEWEGUNG DARSTELLEN

Durch das Singen und dazu passende Bewegen werden Kinder spielerisch mit dem Thema Notenwerte und Rhythmus vertraut gemacht. Gerade in den ersten beiden Schuljahren sind spielerische Begrüßungsrituale im (Musik-)Unterricht sehr wichtig. Beim Singen kann man mit solchen Ritualen auch verschiedene Rhythmuswerte spielerisch trainieren.

1/2

1. Unterrichtsbeispiel: **Hallo und guten Morgen**

Das hier vorgeschlagene Lied hat den Vorteil, dass die Kinder fast schon automatisch auf dem vorderen Drittel des Stuhls sitzen, um mit ihren Füßen den Boden zum Stampfen zu berühren. Dadurch sind sie einer guten Gesangshaltung sehr nah (s. S. 94).

Hallo und guten Morgen | Text und Musik: © Georg Feils

Material: —

Vorbereitung: —

Durchführung:

1. Sprechen Sie den Text langsam vor und führen Sie dabei die beschriebenen Bewegungen aus.
2. Fordern Sie die Kinder auf, sich im Stuhlkreis auf das vordere Stuhlende zu setzen.

3. Singen Sie den Kindern das Lied zunächst vor und bitten Sie diese, mitzusingen, wenn sie die Melodie verstanden haben.
4. Nachdem die Kinder mitsingen können, werden die Bewegungen (s. u.) eingeführt.

Bewegungsabläufe

Zählzeit	Text	Bewegung	Darstellung der Notenwerte durch Bewegungen
Auftakt	Hal-	-	-
1, 2, 3, 4	lo und guten Morgen so be-	einen Takt lang winken	Viertelnote
1, 2, 3, 4	ginnt bei uns der Tag! Ich	Sonnenaufgang mit den Armen darstellen	Ganze Note
1, 2, 3, 4	mach euch das mal vor und wer	auf sich selbst tippen	Halbe Note
1, 2, 3, 4	will, macht's nach: Tür	auf Freunde zeigen	Viertelnote
1, 2	auf, Tür zu, stampf den	Arme vor dem Körper öffnen, auf ‚zu' klatschen	Halbe Note
3, 4	Matsch von deinem Schuh.	auf vorderem Stuhldrittel sitzen und genau auf die Silben abwechselnd L R stampfen (Achtel)	Achtelnote

Tipp!

Statt „Matsch" kann man auch „Schnee" oder „Staub" benutzen, je nach Jahreszeit.

3/4

2. Unterrichtsbeispiel:
Come on ev'rybody! – Begrüßungslied

Come on ev'rybody! | Text und Musik: C. Mann

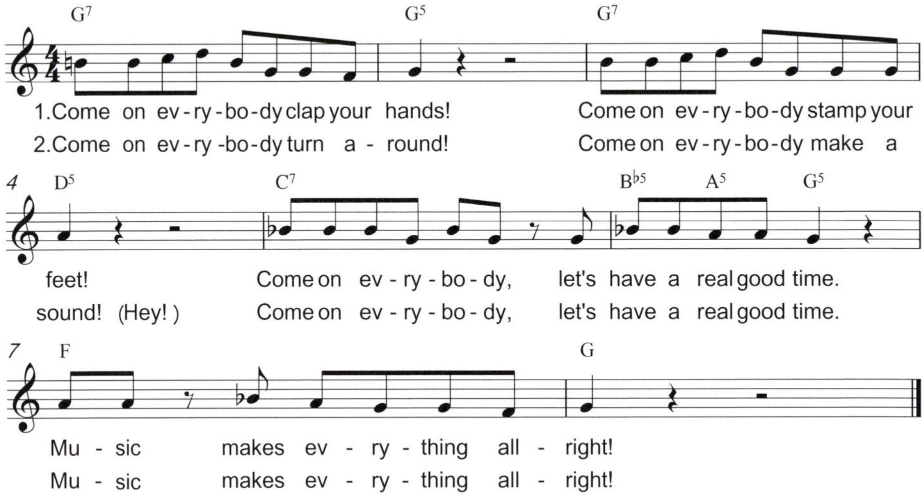

Material: —

Vorbereitung:

Lernen Sie das Lied und die dazu passenden Bewegungen auswendig.

Durchführung:

1. Singen Sie zunächst mit den Kindern das Lied.
2. Führen Sie anschließend die Bewegungen (s. u.) ein.

Tipp!

Verändern und erweitern Sie gemeinsam mit den Kindern die Bewegungsabläufe.

Bewegungs-Rhythmen

Text	Pattern				
Come on **ev**erybody **clap** your hands!	Pattern 1:				
	2-mal	1	2	3	4
	Stampf				
	Klatsch		X		X
Come on **ev**ery**bo**dy **stamp** your **feet**!	Pattern 2:				
	einmal	1	2	3	4
	Stampf	(r. Fuß nach rechts) X	(ran)	(l. Fuß nach links) X	(ran)
	Klatsch		X		X
Come on **ev**ery**bo**dy, (klatsch) let's have a real good time! **Mu**sic (klatsch) makes **ev**ery**thing** all**right**.	Pattern 2:				
	4-mal	1	2	3	4
	Stampf	(rechts) X	(ran)	(links) X	(ran)
	Klatsch		X		X
Come on **ev**erybody **tu**rn around!	Pattern 1 und dabei auf der Stelle drehen:				
	2-mal	1	2	3	4
	Stampf				
	Klatsch		X		X
Come on **ev**ery**bo**dy **ma**ke a **sound** – **Hey**!	Pattern 2 und „Hey!" auf Zählzeit 2 und 4 rufen:				
	einmal	1	2	3	4
	Stampf	(rechts) X	(ran)	(links) X	(ran)
	Klatsch		X		X
Come on **ev**ery**bo**dy, (klatsch) let's **have** a **real** good **time**! **Mu**sic (klatsch) makes **ev**ery**thing** all**right**.	Pattern 2:				
	4-mal	1	2	3	4
	Stampf	(rechts) X	(ran)	(links) X	(ran)
	Klatsch		X		X

9. KÖRPERKLÄNGE UND VIERTELNOTEN

Eine aktivierende Methode, um Rhythmen zu erzeugen, stellt Bodypercussion dar. Hierbei werden Klänge mit dem eigenen Körper durch Klatschen, Stampfen, Schnipsen sowie Patschen auf verschiedene Körperteile erzeugt und verschiedene Notenwerte können spielerisch eingeübt werden.

3/4 Unterrichtsbeispiel: **Pata Pata** (Miriam Makeba)

Material:

Lied: „Pata Pata" (Miriam Makeba), ggf. Merkhilfe

Hinweis:

Die Viertelnote ist genauso lang wie eine Zählzeit. Beim Mitzählen des Metrums zählst du also schon in Vierteln.

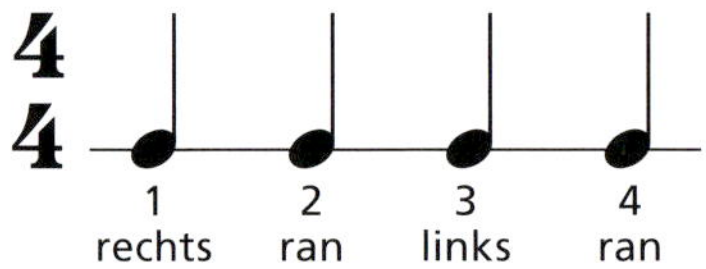

Die Merkhilfe kann als Lernkarte zusammengeklebt werden. Die hier erarbeitete Performance zu „Pata Pata" funktioniert aber auch ohne diese Noten.

Vorbereitung: —

Durchführung:

1. Hören Sie sich gemeinsam mit den Kindern das Lied an und fordern Sie sie auf, den Beat (das Metrum) mit dem Fuß mitzuwippen.
2. Lassen Sie ein Kind laut die Zählzeiten von 1 bis 4 mitzählen (s. Beatwächter, S. 40) und folgendes Bewegungsmuster mitmachen.

	1	2	3	4
Füße	mit rechtem Fuß Schritt nach außen und aufstampfen	linken Fuß ranziehen	mit linkem Fuß Schritt nach außen und aufstampfen	rechten Fuß ranziehen
Hände	zur Körpermitte schwingen	klatschen	schwingen	klatschen

3. Erklären Sie den Kindern zusätzlich: „Immer wenn du bis 4 gezählt hast, ist ein Takt vorbei und ein neuer Takt beginnt mit demselben Bewegungsmuster auf die Zählzeit 1. Du machst 4 Bewegungen innerhalb eines Taktes (rechts, ran, links, ran). Der Takt wird also in 4 gleich lange Teile, also 4 gleich lange Noten geteilt. Diese Noten heißen Viertelnoten."
4. Bewege dich erneut geräuschvoll zum Lied. Benutze jetzt noch deine Hände, indem du auf die 2. und 4. Viertel in die Hände klatschst.
5. Animieren Sie die Schüler zum Mitmachen.
6. Sensibilisieren Sie die Kinder auf den Klang des Stampf-und-Klatsch-Rhythmus, der nun zum Lied erklingt.
7. Verdeutlichen Sie die Vierteilung dieses Taktes mit der Teilung einer Torte in vier gleiche Einheiten. Nutzen Sie zudem die Merkhilfe.

10. KÖRPERKLÄNGE UND ACHTELNOTEN

Bei dieser Methode wird das Lied „Pata Pata" verwendet, um bei Kindern ein Gefühl für Achtelwerte zu erzeugen.

3/4 Unterrichtsbeispiel: **Pata Pata**

Material: ggf. Merkhilfe

Die Achtelnote ist doppelt so schnell wie eine Viertel. Deshalb passen 2 Achtel auf eine Zählzeit. Ich zähle zwischen den Zählzeiten laut ein „und"!

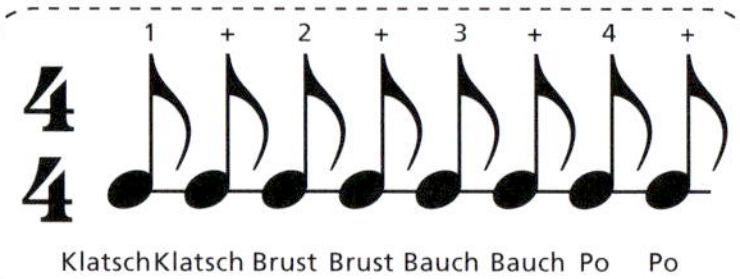

Vorbereitung:

Führen Sie mit den Kindern zunächst Viertelnoten ein, wie sie in der Methode 9 (s. S. 28) vorgestellt wurden.

Durchführung:

1. Identifizieren Sie gemeinsam mit den Kindern die beteiligten Körperteile in richtiger Reihenfolge (Hände, Brust, Bauch, Po). Machen Sie alles vor, was die Klasse Ihnen nachmachen soll. Zählen Sie dabei die Zählzeiten „1, 2, 3, 4" mit!
   Auf „1" klatschen Sie sichtbar vor Ihrem Oberkörper **einmal** in die Hände.
   Auf „2" patschen Sie mit beiden Händen **gleichzeitig einmal** auf die Brust.
   Auf „3" patschen Sie mit beiden Händen **gleichzeitig einmal** auf den Bauch.
   Auf „4" patschen Sie mit beiden Händen **gleichzeitig einmal** seitlich auf den Po (oder die Oberschenkel).

Viertel-Pattern

Körper	1	2	3	4
Hände	x			
Brust		x		
Bauch			x	
Po				x

2. Wiederholen Sie die Abfolge immer wieder im Metrum mit den Kindern.

3. Machen Sie nun die Achtel „sichtbar": Verdeutlichen Sie, dass die Achtelnoten genau (!) doppelt so schnell sind, wie die Viertelnoten, indem Sie nun auf jede Zählzeit zwei gleich lange Schläge klatschen.
Auf „1" klatschen Sie gut sichtbar vor Ihrem Oberkörper **2-mal** in die Hände.
Auf „2" patschen Sie **nacheinander** mit der rechten und linken Hand auf den Brustkörper.
Auf „3" patschen Sie **nacheinander** mit der rechten und linken Hand auf den Bauch.
Auf „4" patschen Sie **nacheinander** mit der rechten und linken Hand seitlich auf den Po.

Achtel-Pattern

Körper	1	und	2	und	3	und	4	und
Hände	x	x						
Brust			x	x				
Bauch					x	x		
Po							x	x

4. Trainieren Sie mit den Kindern die Klatschreihenfolge.
Sobald die Kinder sicher sind, können sie zur Musik mitklatschen.

5. Sobald die Schüler in der Lage sind, beide Patterns (Viertel- und Achtelpattern) zur Aufnahme des Liedes zu tanzen, können Sie beide Pattern zu einer kleinen Choreografie zusammenfügen.

Hinweis: Diese kann als Lernzielüberprüfung dienen. Hierbei sollen die Tänzer (angeleitet) die 3 verschiedenen Teile des Liedes „Pata Pata" unterschiedlich darstellen:

Teil	Bodypercussion
Intro	Aufstellung, Einzählen
Teil A	Achtel-Pattern (siehe oben)
Teil B	Viertel-Pattern (siehe Seite 30)
Teil C	frei tanzen

Alternative

Koordinatorisch etwas schwieriger ist diese Bewegungsfolge des Achtel-Patterns. Üben Sie diese Folge sehr langsam, bevor Sie immer schneller werden, bis die Geschwindigkeit des Liedes erreicht wird.

Körper	1	und	2	und	3	und	4	und
Stampf	x							
Klatsch		x						
Brust			x	x				
Bauch					x	x		
Po							x	x

11. DYNAMIK – LAUT UND LEISE ERLEBEN

Um den Begriff der Dynamik einführen zu können, muss zunächst geklärt werden, was „laut" und „leise" überhaupt bedeutet. Die Schüler sollen bei dieser Methode erleben, dass zum einen die Anzahl an „Instrumenten", und zum anderen die Anschlagsstärke des Instruments Einfluss auf die Lautstärke haben.

1–4 Unterrichtsbeispiel: **Kettenreaktion Gewitter**

Material: 1 Glockenspiel

Vorbereitung: —

Durchführung:

1. Alle sitzen zu Beginn in einem Stuhlkreis. Sie, als musikalischer Leiter, beginnen mit einem Geräusch (z. B. leises Pusten), welches das Kind zu ihrer Linken imitiert und in das Geräusch einstimmt.
2. So stimmen nacheinander alle Kinder im Uhrzeigersinn in das Geräusch ein, bis die ganze Klasse mitmacht.
3. Sobald auch das letzte Kind (rechts neben Ihnen) Ihr vorgegebenes Geräusch macht, schicken Sie, ähnlich wie bei „Stille Post", das nächste Geräusch, ein sanftes Schnipsen, in die Runde. Dabei hören Sie nun auf, zu pusten. Wichtig ist, dass ein neues Geräusch erst erzeugt werden darf, wenn es der Vordermann (rechts neben mir) bereits tut! Damit schwillt die Intensität des neuen Geräuschs immer mehr an, wobei zeitgleich das alte Geräusch sukzessive verblasst.
4. Diese Kettenreaktion wird nun Runde für Runde fortgeführt. Beachten Sie hierfür den Bewegungsablauf unten.
5. Nachdem das „Gewitter" abgeklungen ist, herrscht absolute Stille im Raum. Besprechen Sie an dieser Stelle, wie die Schüler die Veränderung der Geräusche und deren Lautstärken empfunden haben.

Bewegungsablauf „Gewitter"

Zu erzielende Stimmung	Geräusch
ruhige Wetterlage	Ruhe
Wind zieht auf	Pusten durch dünne Mundöffnung
Regen fällt	Schnipsen mit beiden Händen
starker Regen	Klatschen
Hagel, Donner	Trampeln, Stampfen
starker Regen	Klatschen
leichter Regen	Schnipsen
es klart auf	absolute Stille
Sonnenschein	heller Ton (Glockenspiel)

Tipp!

Wer nicht Schnipsen kann, macht das „Zwergenklatschen" – mit zwei Fingern in die geöffnete Hand schlagen – dies erzeugt einen ähnlichen Klang!

12. DYNAMIK – ZEICHEN VEREINBAREN

Wenn den Lernenden bewusst gemacht wurde, was laut und leise bedeutet, können dynamische Zeichen von einem Kinder-Dirigenten zum Erzeugen von crescendo (lauter werdend) und decrescendo (leiser werdend) verwendet werden. **Hinweis:** Diese Methode funktioniert auch super in anderen Fächern, um unruhige Klassen wieder zur Ruhe zu bringen, und braucht dabei kaum Vorbereitung!

1–4

Unterrichtsbeispiel: **Das Tisch-Gewitter**

Die Kinder verkörpern bei dieser Übung Regen- und Gewitterwolken und erzeugen mit u.a. Fingerspitzen, Fingerkuppen, Händen und Fäusten verschiedene Tisch-Gewitter im Klassenraum.

Material:
Tafel, Kreide, Tafelbild (s.u.), Zeigestock zum Zeigen auf Tafelbild

Vorbereitung:
Malen Sie das Tafelbild (s.u.) an die Tafel und lassen Sie die Kinder die Tische vollständig leer räumen.

Durchführung:

1. Lassen Sie die Kinder kurz erproben, welche Geräusche sie mit Fingern, Fingerkuppen, Händen und Fäusten auf der Tischplatte erzeugen können.
2. Dirigieren Sie die Kinder (Wolken), indem Sie mit dem Zeigestock auf verschiedene Stellen des Tafelbildes zeigen. Dabei sollen die Kinder genau darauf achten, mit den Fingern die richtigen Geräusche in einer passenden Lautstärke zu erzeugen.
3. Lassen Sie Kinder zum Gewitter-Dirigenten werden.

Tafelbild:

leise laut leise

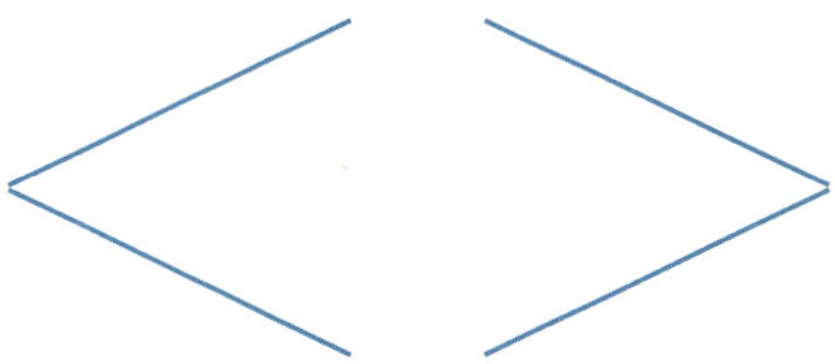

lauter werdend – crescendo leiser werdend – decrescendo

13. DYNAMISCH AUF INSTRUMENTEN SPIELEN

Damit Kinder sinnvoll begleiten können, muss zunächst der Umgang mit Orff-Instrumenten, deren Klängen und deren Handhabung in Bezug auf die Lautstärke getestet werden. Meiner Meinung nach bietet es sich an, Schüler selbst Instrumente entdecken zu lassen.

1–4

Unterrichtsbeispiel: **Das Instrumenten-Gewitter**

Das Testen der Instrumente erfolgt analog zum Unterrichtsbeispiel „Tisch-Gewitter" (S. 35), nachdem alle Instrumente verteilt wurden.

Material: Orff-Instrumente, Tafel, Kreide, Tafelbild, Zeigestock

Vorbereitung:
Zeichnen Sie das Tafelbild (s. u.) an die Tafel und lassen Sie die Kinder jeweils ein Orff-Instrument wählen.

Durchführung:

1. Siehe Durchführung „Tisch-Gewitter" auf S. 35.
2. Geben Sie den Schülern folgende Arbeitsaufträge:
3. Dirigent: „Zeige mit dem Zeigestock genau, wie laut das Gewitter sein soll. Verweile etwas und höre dir deine Gewittermusik an. Verändere das Gewitter."
4. Orchester: „Achte genau auf den Dirigenten! Erzeuge mit deinem Instrument Klänge in der richtigen Lautstärke."

Tafelbild:

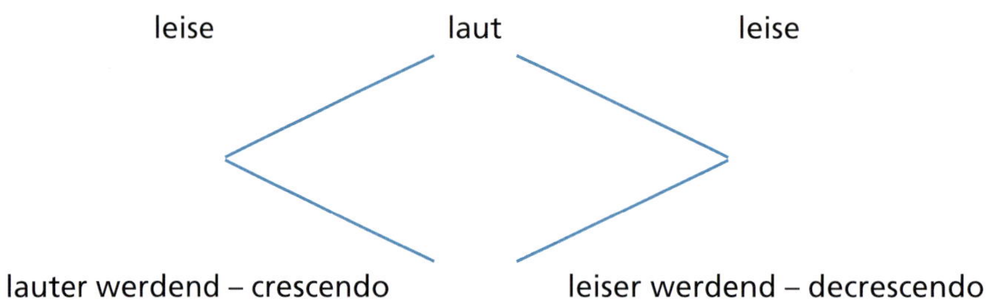

14. LIEDER BEGLEITEN MIT ORFF-INSTRUMENTEN

Für diese Methode werden rhythmische Vorerfahrungen vorausgesetzt. Ich beobachte immer wieder, dass Kinder beim Musizieren aufhören, zu singen, da ihre Konzentration völlig auf ihr Instrument gerichtet ist. Daher empfiehlt sich eine Einteilung in eine Sänger- und eine Instrumentengruppe.

1/2

Unterrichtsbeispiel: **Instrumentalisten und Sänger**

Material: Orff-Instrumente

Vorbereitung:
Studieren Sie mit den Kindern vorab Melodie und Text eines Liedes ein.

Durchführung:

1. Singen Sie zunächst einmal zur Auffrischung mit den Kindern das einstudierte Lied.
2. Bestimmen Sie eine kleine Instrumentalgruppe, die sich frei Orff-Instrumente wählt.
3. Stimmen Sie das Lied erneut an, wobei die Instrumentalgruppe versucht, das Lied frei zu begleiten. Geben Sie dafür folgende Arbeitsaufträge:
„**Instrumentalgruppe (5–7 Schüler)**: Begleite das Lied so, dass du die Sänger noch hören kannst!" (1- bis 2-mal, danach Gruppenwechsel)
Sängergruppe: „Setze dich in Gesangshaltung hin und singe das Lied. Achte auf die Begleitung! Passt sie zum Gesang? Was findest du gut, was könnte man besser machen?"
4. Besprechen Sie mit den Kindern die gemachten Erfahrungen, wobei die Sängergruppe die Begleitung des Gesangs reflektiert und Verbesserungsvorschläge gibt.

Tipp!

Geben Sie Begleitimpulse, indem Sie beispielsweise mit Trommeln das Metrum begleiten oder mit Klanghölzern Achtel-Läufe einbringen. Aber auch das Setzen von Schwerpunkten mit Triangel oder Becken ist denkbar.

15. EIN ORFF-ORCHESTER DIRIGIEREN

Ziel dieser Methode ist es zum einen, Kindern das Dirigat näherzubringen. Zum anderen wird das aktive Zuhören der Kinder geschult und verschiedene Teile eines Werkes werden visuell und auditiv hervorgehoben.

2–4 Unterrichtsbeispiel: **In der Halle des Bergkönigs**

Kinder können dieses Werk ohne Probleme frei begleiten. Ein Hinweis, dass sehr markante Instrumente eher Schwerpunkte setzen sollten (Trommel, Becken), kann die Klangästhetik verbessern. Die Tempozunahme ist für Grundschüler sehr animierend.

Material:
CD: „In der Halle des Bergkönigs" (Peer Gynt Suite No. 1; Op. 46, 4. Satz – E. Grieg), Abspielgerät, Wolle, Schere, Federmäppchen, Blätter, Orffinstrumente, Dirigierstab o.Ä.

Vorbereitung:
Die Schüler kennen das Thema des Stücks und können es mithilfe eines Lerntextes singen (s. S. 136).

Durchführung:

1. Hören Sie sich mit den Kindern das Musikstück an und thematisieren Sie, wann welche Instrumente die Melodie (das Thema) spielen. Hören Sie sich dazu das Stück ggf. mehrfach an. Die Kinder werden feststellen, dass sich Streicher und Bläser mit der Melodie abwechseln und dass weitere Instrumente mit steigender Geschwindigkeit dazukommen.
2. Stellen Sie mit den Kindern die nun benötigten Instrumente bereit. Die Orff-Instrumente werden aufgestellt.
   Für die Streicher wird aus einem Wollfaden, der um eine Federmappe gewickelt wird, eine Geige und aus einem Stift der Bogen. Für die Blasinstrumente wird ein A4-Papier zur Tüte gerollt.
3. Besetzen Sie nun die Rolle des Dirigenten, der Zuschauer und des Orchesters, sehen Sie sich hierzu die Grafik zur Sitzordnung (s. u.) an.
4. Spielen Sie das Musikstück ab und lassen Sie die Kinder dazu passend agieren. Geben Sie den Gruppen hierfür folgende Arbeitsaufträge:

5. „**Dirigent:** Zeige mit dem Zeigestock genau das Metrum. Zeige dem Orchester deutlich, wer das Thema spielen soll (draufzeigen) und wer nicht dran ist (STOPP-Handzeichen).
   Orchester: Achte genau auf den Dirigenten! Spiele nur, wenn du spielen sollst!
   Zuschauer/Jury: Achtet auf folgende Kriterien:
   - metrisch korrekt? (‚im Takt')
   - Einsatz korrekt? („... an der richtigen Stelle im Lied")
   - Umgang mit Instrument korrekt? (Spielweise, Lautstärke)"
6. Lassen Sie das Publikum das Spiel des Orchesters bewerten. Es sollte hierbei immer mit einem positiven Einstieg begonnen werden. „Mir hat gut gefallen, dass XY ..."
7. Tauschen Sie in einem weiteren Durchgang die Rollen.

Grafik zur Sitzordnung und Verlauf

16. EIN VORGEGEBENES METRUM HALTEN

Diese Methode soll den Kindern helfen, sich beim Begleiten von Liedern zu orientieren. Nachdem Schwerpunkte und Einsätze durch lautes Mitzählen bewusst gemacht wurden, wird nur noch leise gezählt. Ziel ist es, dass die Schüler „ein Gefühl" oder ein „Im-Kopf-Zählen" beim Musizieren entwickeln. Mit Einsatz des Beatwächters sind Kinder auch in Gruppenarbeiten in der Lage, ohne den Lehrer gemeinsam zu musizieren.

1–4 Unterrichtsbeispiel: **Der Beatwächter**

Material:
Beatwächterkarte (s. Hinweis zum Download, S. 8), Triangel

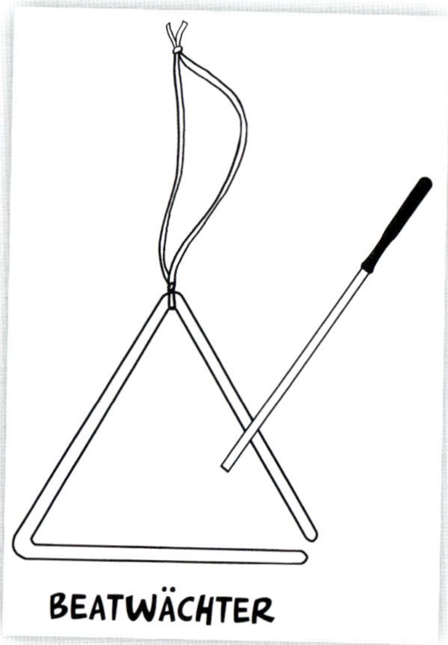

Vorbereitung: —

Durchführung:

1. Ernennen Sie ein Kind zum Beatwächter und geben Sie ihm die Beatwächterkarte sowie eine Triangel. Dieses Kind sollte ein gutes musikalisches Gefühl besitzen und das Tempo halten können.
   Der Beatwächter zählt im Folgenden einen Takt vor und verbalisiert immer laut die Zählzeiten 1 bis 4 (im 4/4-Takt). Dabei wird die Zählzeit 1 betont gesprochen und durch den Schlag einer Triangel hervorgehoben.
2. Die übrigen Kinder begleiten oder singen nun dazu im Takt des Beatwächters ein bekanntes Lied.
3. Schließen Sie eine Reflexionsrunde an: „Konntest du gut den Beat (das Metrum) halten? Was könnte man verbessern?"

17. FREIE IMPROVISATION MIT KINDERN

Diese Methode bietet die Möglichkeit, eigene Ideen in den Musikunterricht einfließen zu lassen, ohne dass es zu laut, unrhythmisch oder unharmonisch wird. Für die Lernenden ist dies daher eine beliebte und effektive Form, ihren eigenen musikalischen Horizont zu erweitern bzw. eigene, bereits erworbene Fähigkeiten und Fertigkeiten zu präsentieren.

1–4

Unterrichtsbeispiel: **Improvisieren auf Orff-Instrumenten**

Material:
Rasseln, Klangstäbe o. Ä. in Klassenstärke

Vorbereitung:
Stellen Sie die Instrumente in einem Musizierkreis auf.

Durchführung:

1. Jedes Kind nimmt sich ein Instrument und bleibt im Stirnkreis stehen.
2. Ein Kind darf nun mit seinem Instrument ein Metrum bzw. einen einfachen, immer wiederkehrenden Rhythmus vorgeben.
3. Nacheinander setzen nun die übrigen Mitschüler ein, diesen Rhythmus leise zu imitieren, zu erweitern oder aufzufüllen. So entsteht langsam ein volles Klangbild.
4. Ist ein Kind der Meinung, eine sehr gute Idee zu haben, tritt es in die Kreismitte und spielt seine Idee laut den anderen vor. Während ein Schüler im Kreis steht, müssen die anderen Kinder leiser spielen, um das Solo hören zu können. Ich empfehle, den Rhythmus 4-mal zu spielen, da dies eine moderate Anzahl an Wiederholungen darstellt, um einerseits diese Improvisation zu würdigen und andererseits die Mitschüler nicht zu langweilen.
5. Ist der Musiker fertig, geht er zum Platz zurück und kann umgehend von einem weiteren Kind mit einer anderen Idee abgelöst werden.
6. Durch den Wechsel der Solisten fühlt sich kein Kind benachteiligt. Wer sich nicht gern präsentiert, kann sich im gemeinsamen Rhythmus integrieren und ist nicht untätig.

18. RHYTHMEN DURCH ABZÄHLEN ERZEUGEN

Mit dieser Methode können sich Kinder leicht in ein Metrum einfügen.

1–4 Unterrichtsbeispiel: **Nummerierte Köpfe**

Beim Mitzählen der Zählzeiten zu einem begleiteten Lied fällt auf, dass sich hinter jeder Zählzeit ein markanter Klang verbirgt. Mit dieser Erkenntnis lassen sich ganze Rhythmen durch das Setzen eines Klangs auf eine Zählzeit erzeugen.

Material: Trommeln, Triangeln, Tamburin, Klangholz o. Ä.

Tipp!

Greifen Sie auf Körperklänge (s. S. 30) zurück, wenn Ihnen nicht ausreichend Instrumente zur Verfügung stehen.

Vorbereitung: —

Durchführung:

1. Bilden Sie 4er-Gruppen und lassen Sie innerhalb der Gruppen von 1 bis 4 durchzählen. Verteilen Sie nun an eine Gruppe vier verschiedene Instrumente. Bestimmen Sie zudem einen Beatwächter.
2. Der Beatwächter (s. S. 40) zählt laut und immer wiederholend von 1 bis 4. Während alle Musiker leise im Kopf mitzählen.
3. Da jedes Kind eine „Zahl" ist, werden die Instrumente immer gespielt, wenn die entsprechende Zahl als Zählzeit genannt wird.
4. Reflektieren Sie mit den Kindern nach ein paar Takten die gesammelten Erfahrungen.
5. Geben Sie der nächsten Gruppe die Möglichkeit, zu musizieren.

	1	2	3	4
Trommel	X			
Triangel		X		
Tamburin			X	
Klangholz				X
Klang	Bumm	Ding	Tscha	Klack

19. ANGELEITETES MUSIZIEREN

Auch ohne die Verwendung klassischer Notation können Grundschüler zum Spielen einer kleinen Partitur angeleitet werden. Hier wird eine Tabellenform vorgestellt, deren Spalten die Zählzeiten darstellen. Ist eine Spalte mit „X“ versehen, wird auf diese Zählzeit (1 u 2 u 3 u 4 u) eine Achtel artikuliert. Ist eine Spalte frei, wird die entsprechende Zählzeit pausiert.

3/4

Unterrichtsbeispiel: **Musik machen wie Indianer**

Im Beispiel „Fly like an eagle“ singen die Musiker bereits den synkopierten (vorgezogenen) Hauptrhythmus, was das Erlernen der Orff-Partitur vereinfacht. Unterstützend wird eine als „Intro“ verkaufte Vorübung als Sprechgesang dem eigentlichen Begleitsatz vorgezogen. Somit können Sie sicher sein, dass die Schüler den synkopischen Rhythmus verstanden haben.

Material:
Tabelle für die Hand des Kindes, Orff-Instrumente, wie Trommel, Tamburin, Klanghölzer und Shaker

Vorbereitung: Einführung des Liedes „Fly like an eagle“ als Gesangsstück

Fly like an eagle | Volkslied aus den USA

Durchführung:

1. Singen Sie gemeinsam das Lied „Fly like an eagle".
2. Nun wird dem Lied ein Sprechgesang als „Intro" (Vorspiel) vorangestellt (s. u.). **Hinweis:** Dieses Intro und das Lied an sich können im zweiten Schritt durch Trommeln und Tamburin begleitet werden.

INTRO	1	U	2	U	3	U	4	U
Orientierungshilfe	Fly		like	an	ea-		gle	
Singen	Boom		Tscha	Boom	Boom		Tscha	
	X			X	X			
			X				X	

3. Funktioniert dies, kann das Lied mit Shakern und Klanghölzern aufgefüllt werden.
4. Im letzten Schritt können nun mit Triangel und Becken Schwerpunkte gesetzt werden.

Beispielpartitur für den Klassensatz

	1	U	2	U	3	U	4	U
Singen	Fly		like	an	ea-		gle	
	X			X	X			
			X				X	
	X	X	X	X	X	X	X	X
	X		X		X		X	
	X							

20. NACH BILDKARTEN MUSIZIEREN

Mit dieser Methode kann eine Gruppe Schüler (Schuleingangsphase) eine eigene Rhythmuspartitur, analog der Methode Rhythmusstreifen (s. S. 51) nachspielen, ohne traditionelle Noten zu verwenden. Diese Methode dient nur zur Einführung in das Musizieren nach Noten. Anschließend sollten Rhythmusstreifen in Verbindung mit Patterns traditionell notierter Noten thematisiert werden.

1/2 Unterrichtsbeispiel: **Herbstpartitur legen**

Die Zählzeiten im 4/4-Takt werden mit verschiedenen Klängen versehen und durch das Legen vereinbarter Bildkarten auf die entsprechende Zählzeit visualisiert. Die Klänge können die Lernenden durch Herbstfrüchte oder Orff-Instrumente erzeugen.

Material:
Wolle oder Tücher, Schere, für jede Gruppe: Bildkarten von Herbstfrüchten, Zahlkarten, leere Notizzettel, Herbstfrüchte

Tipp!

Sammeln Sie mit den Kindern gemeinsam Herbstfrüchte im Wald oder lassen Sie diese von den Kindern von zu Hause mitbringen.

Vorbereitung:
Erstellen Sie Bildkarten von Herbstfrüchten (max. 4 von jeder Sorte). Legen Sie in der Klasse 5 Wollfäden/Tücher auf den Boden, „beschriften" Sie die Zwischenräume mit „1, 2, 3, 4" und legen Sie leere Notizzettel und Bildkarten daneben.

Durchführung:

1. Versammeln Sie die Kinder in einem Halbkreis um die vorbereitete Partitur.
2. Legen Sie nun die Bildkarten in die Partitur (s. Foto).
3. Bestimmen Sie mit den Kindern, für welchen Klang ein Bild in der Herbstpartitur steht.

Mögliche Herbstklänge

- mit der Hand auf einen Kürbis schlagen ➡ oder Trommeln
- 2 Kastanien aneinanderschlagen ➡ oder Holzblocktrommel, Kastagnetten
- 2 Haselnüsse aneinanderschlagen ➡ oder Klanghölzer
- Herbstblätter aneinanderreiben ➡ oder Becken aneinanderreiben
- Ähren bündeln und auf eine leere Metalldose schlagen
- Eicheln, Bucheckern etc. in selbst gebauten Shaker (Filmrollen oder kleine Dosen) füllen

4. Teilen Sie nun ein paar Kinder den passenden „Instrumenten" zu.
5. Geben Sie ihnen anschließend folgenden Auftrag: „Sieh dir die Herbstpartitur genau an. Überlege, auf welche Zählzeit dein Herbstklang erklingen muss. Zähle im Kopf 1, 2, 3, 4 mit und achte auf das Metrum! Spiele an der richtigen Stelle dein Instrument."

Tipp!

Diese Methode lässt sich auch sehr gut für ein Nuss-Konzert in Verbindung mit der Nussknacker-Suite nutzen.

21. RHYTHMUSPATTERNS KENNENLERNEN

Um mit Schülern der Schuleingangsphase ohne jede Form der Notation Rhythmuspatterns zu verdeutlichen, ist es sinnvoll, den verschiedenen Rhythmen Worte syllabisch zuzuordnen. Anschließend sollte mithilfe des Unterrichtsbeispiels Rhythmusstreifen (s. S. 51) auf die traditionell notierte Form der Rhythmen eingegangen werden.

1/2 Unterrichtsbeispiel: **Das Blumenkonzert:** Blumensorten sprechen und spielen

Diese Methode kann auch im Fach Deutsch angewendet werden. Ein Blumenkonzert, in dem verschiedene Pflanzen mit einem anderen Instrument versehen und nacheinander gespielt werden, bietet sich als Abschluss dieser Methode an.

Material:
Bildkarten mit Patterns, Wortkarten mit Blumennamen, Orff-Instrumente

Vorbereitung:
Stellen Sie die Patterns und Wortkarten im DIN-A4-Format her.

Durchführung:

1. Hängen Sie das erste abgebildete Pattern an die Tafel und lassen Sie sich die Kinder im Halbkreis darum aufstellen.

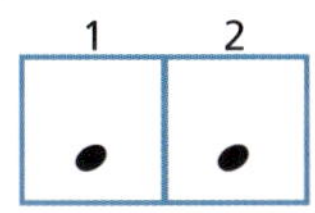

2. Legen Sie alle Wortkarten im Halbkreis aus.
3. Vielleicht fällt den Kindern direkt von allein etwas auf. Ansonsten können Sie folgenden Arbeitsauftrag geben: „Lies leise die Wortkarten und klatsche die Silben dazu. Welche Blume passt zum Rhythmusstreifen an der Tafel?"
   Hinweis: Wenn die Kinder noch nicht lesen können, können Sie Bildkarten von Blumen verwenden, welche die Kinder kennen.
4. Ordnen Sie so alle Wortkarten den Patterns zu.
5. Hängen Sie nun den zweiten Rhythmus an die Tafel und lassen Sie auch hier die zugehörigen Wortkarten durch Silbenklatschen entdecken.

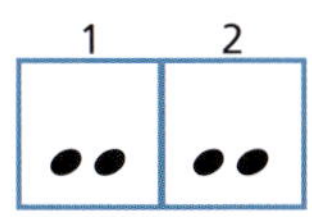

6. Nachdem alle Patterns zugeordnet sind, stellen sich die Kinder mit einem Orff-Instrument zu ihrer „Lieblingsblume“. Es entstehen 4 Gruppen, welche jeweils genau einen Rhythmus gemeinsam spielen sollen.
7. Testen Sie, ob die Gruppen „ihren“ Rhythmus auf dem Instrument spielen können. Mitsprechen des Blumennamens ist hierbei natürlich erlaubt.
8. Eröffnen Sie das Blumenkonzert! Spielen Sie die Rhythmuspatterns von links nach rechts durch und beginnen Sie wieder von vorn. Zeigen Sie immer genau an, welcher Rhythmus dran ist. Achten Sie darauf, dass keine Pausen zwischen den Patterns entstehen, um ein gleichmäßiges Metrum zu erreichen.

2/4-Patterns	Sprechrhythmus
1: • / 2: •	Primel, Rose, Nelke, Tulpe, Astern, Kaktus
1: •• / 2: ••	Osterglocke, Sonnenblume, Gänseblümchen, Butterblume, Schlüsselblume
1: • / 2: ••	Schneeglöckchen, Maiglöckchen, Seerosen
1: •• / 2: •	Löwenzahn, Gerbera, Orchideen, Fingerhut

Blumenkonzert

1: • / 2: ••	1: •• / 2: ••	1: •• / 2: •	1: • / 2: •
Mai-glöckchen	Sonnen-blume	Löwen-zahn	Pri-mel

Tipp!

Kombinieren Sie diese Methode als Vorspiel, Zwischenspiel und Nachspiel mit dem Lied „Die Blumen tanzen Rock 'n' Roll“!

22. RHYTHMUSPATTERNS SPRECHEN UND SPIELEN

Ähnlich wie die Methode zum Blumenkonzert (s. S. 47) bietet sich die Begleitung eines Sommer-Sprech-Rhythmus an. Anschließend sollten die „Punkte" mit den entsprechenden Notenhälsen und Fähnchen versehen werden, um möglichst schnell von der grafischen Notation zur traditionellen Notation zu gelangen. Bitte lesen Sie hierzu auch: „Rhythmusstreifen" (s. S. 51).

2/3 Unterrichtsbeispiel: **Der Sommer-Rap**

Material:

Bildkarten mit Patterns, Wortkarten, Orff-Instrumente

Vorbereitung:

Stellen Sie die Patterns und Wortkarten in DIN-A4-Format her.

Durchführung:

1. Hängen Sie die Wortkarten in der abgebildeten Reihenfolge an die Tafel und lassen Sie sich die Kinder im Halbkreis darum aufstellen.
2. Sprechen Sie den Sommer-Rap metrisch korrekt vor. Die Schüler sprechen anschließend mit.
   Hinweis: Stampfen Sie mit dem Fuß das Metrum mit.
3. Legen Sie nun die Pattern-Karten im Halbkreis aus.
4. Vielleicht fällt den Kindern direkt von allein etwas auf. Ansonsten können Sie folgenden Arbeitsauftrag geben: „Lies leise die Wortkarten und finde dazu den richtigen Rhythmusstreifen (Bildkarte Pattern). Klatsche einen Rhythmus vor und sprich dazu das richtige Wort/die richtige Wortgruppe!"
5. Ordnen Sie mit den Kindern so alle Wortkarten den Patterns zu.
6. Nachdem alle Patterns zugeordnet sind, stellt sich jeweils ein Kind mit einem Orff-Instrument zu einer Wortkarte. Dieses Kind spricht das Wort oder die Wortgruppe und spielt dazu zeitgleich den korrekten Rhythmus auf einem Orff-Instrument.

7. Nachdem bei jedem Rhythmusstreifen ein Schüler steht, wird der Sommer-Rap von den übrigen Schülern gesprochen und dabei von der Instrumentalgruppe begleitet.

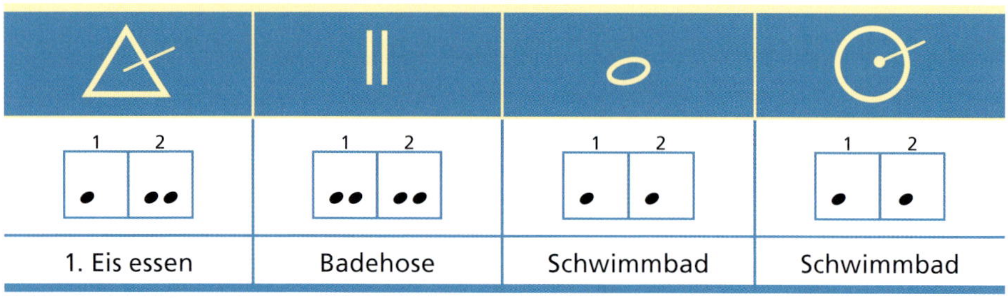

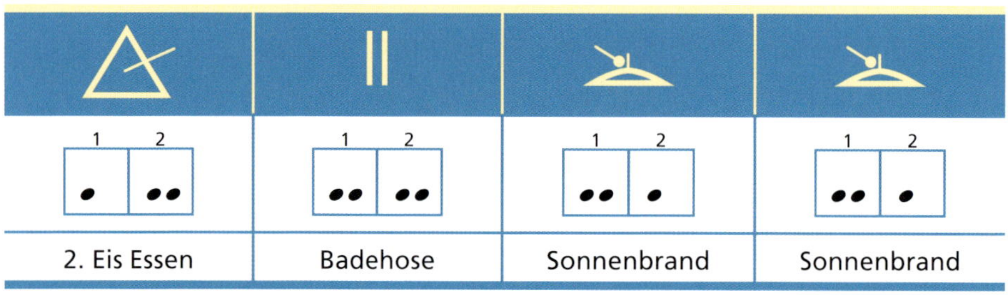

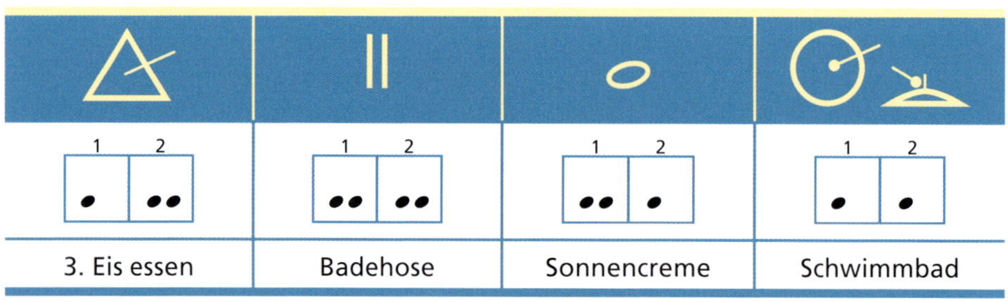

23. EIGENE RHYTHMEN GRAFISCH NOTIEREN

Selbst komponierte oder vorgegebene kurze Rhythmen mit Viertel- und Achtelnoten können als Einstieg in die traditionelle Notation mithilfe von Punktdarstellungen in einem Raster von Kindern ab Ende der zweiten Klasse notiert werden.

2–4 Unterrichtsbeispiel: Der Rhythmusstreifen – Unisono-Rhythmen erfinden

Ein Schüler (oder Lehrer) zählt das Metrum im 4/4-Takt mit, also immer 1-2-3-4, 1-2-3-4, usw. (vgl. „Beatwächter", S. 40). Die anderen Kinder erfinden zunächst gedanklich, anschließend klatschend, einen eintaktigen Rhythmus. Die Schüler achten genau darauf, auf welche Zählzeit sie einen Ton spielen. Anschließend notieren sie den Rhythmus auf einem Rhythmusstreifen. Sollte ein Musiker auf eine Zählzeit zwei Töne spielen (2 Achtel), notiert er folgerichtig zwei Punkte auf der entsprechenden Zählzeit. Wird auf eine Zählzeit nichts gespielt, muss auch nichts notiert werden. Vor der Metrumangabe befindet sich für jede Instrumentalgruppe Platz für die Notation des entsprechenden Orff-Symbols oder Körperklangs.

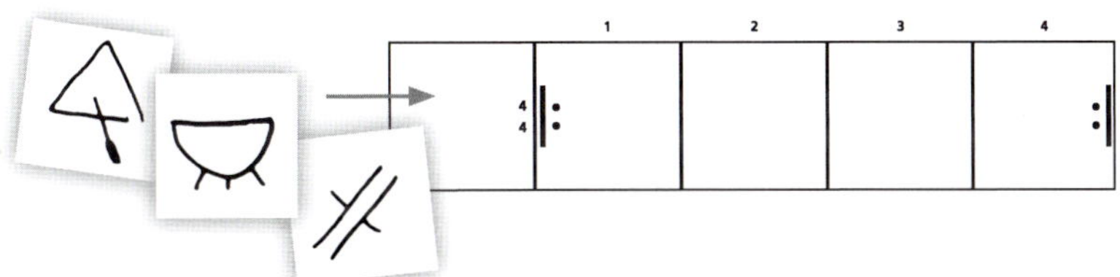

Material:
Rhythmusstreifen sowie Orff-Symbole (s. Kopiervorlage im Download), Orff-Instrumente

Vorbereitung:
Den Kindern sind Rhythmuspatterns (s. S. 47) bereits bekannt. Kopieren Sie für jedes Kind ein leeres Pattern. Erarbeiten Sie zu einem einfachen Rhythmus einen Rhythmusstreifen gemeinam an der Tafel.

Durchführung:

1. Zeigen Sie den Schülern ein leeres Pattern und erklären Sie ihnen, dass Sie heute selbst zum Komponisten werden und sich eigene Rhythmen ausdenken werden. Verteilen Sie nun die Vorlagen an die Schüler.

2. Geben Sie nun als Beatwächter das Metrum vor und zählen Sie die Zählzeiten leise mit, während die Schüler sich einen eintaktigen Rhythmus ausdenken.

3. Anschließend bekommen die Kinder die Gelegenheit, nacheinander ihre erfundenen Rhythmen vorzuklatschen. Achten Sie hierbei darauf, dass die Kinder stets auf die Zählzeit „1“ beginnen!

4. Geben Sie daraufhin folgende Arbeitsaufträge: „Klatsche noch einmal deinen Rhythmus. Schreibe mit einem Punkt im Kästchen auf, wann du klatschst. Achte genau darauf, wie viele Schläge auf jeder Zählzeit sind. Lasse ein Kästchen frei, wenn du nichts spielst.
Mit welchem Instrument soll dein Rhythmus gespielt werden? Klebe oder male das richtige Symbol dafür auf den Rhythmusstreifen.“

5. Lassen Sie die Kinder gegenseitig ihre Rhythmen vorspielen (vom Blatt spielen). Dabei sollten die Kinder auch das richtige (notierte) Instrument auswählen.

6. Ergänzen Sie Notenhälse bei den Viertelnoten sowie Hälse und Balken bei den Achtelnoten und Pausen bei leeren Zählzeiten (vgl. Methode 25, S. 55).

Tipp!

Notieren Sie einen exemplarischen Rhythmus gemeinsam als Lehrerbeispiel.

24. PARTITUREN SCHREIBEN UND SPIELEN

Mit dieser anknüpfenden Methode sind Kinder in der Lage, selbstständig mehrstimmige Partituren zu visualisieren.

2–4 Unterrichtsbeispiel: **Der Rhythmusstreifen – Mehrstimmige Partituren**

Zunächst denken sich die Lernenden in Kleingruppen eintaktige mehrstimmige Rhythmuspatterns aus, ein Beatwächter zählt mit. Jedes Kind der Gruppe schreibt für sein Instrument auf, wann es spielt. Abschließend werden die Rhythmusstreifen genau untereinander geklebt und die Partitur ist fertig.

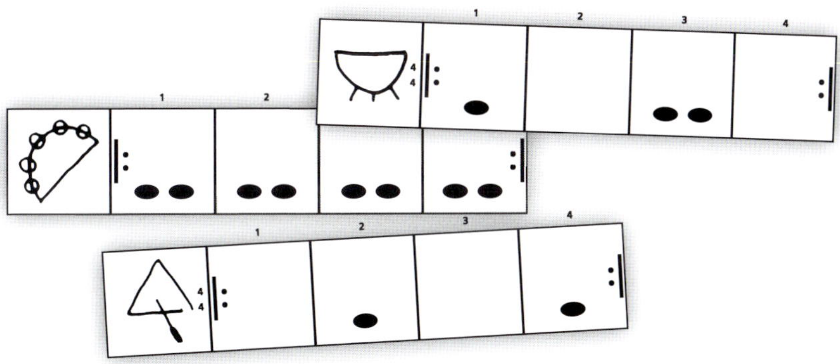

Material:
für jeden Gruppentisch je Rhythmusstreifen, Orff-Symbole (s. Hinweis zum Download auf S. 8), Bleistifte, Orff-Instrumente, A5-Blatt zum Aufkleben der Partitur, Kleber

Vorbereitung:
Kopieren Sie für jedes Kind ein leeres Pattern und legen Sie die Kleber am Gruppenarbeitsplatz bereit. Idealerweise stellen Sie auch die Instrumente bereits für die Gruppenarbeit zurecht.

Durchführung:

1. Teilen Sie die Kinder in Kleingruppen von 3 bis 4 Kindern ein.
2. Jede Gruppe erhält nun einen Arbeitsplatz, weit genug entfernt von einer anderen Gruppe, um nicht zu sehr von der entstehenden Geräuschkulisse gestört zu werden.

3. Treffen Sie sich mit allen Kindern an einem der Arbeitsplätze und weisen Sie die Kinder in die folgende Arbeitsphase ein. Benutzen Sie dafür folgende Arbeitsaufträge:
   „Spielt leise, um die anderen Gruppen nicht zu stören!
   Bestimmt einen Beatwächter!
   Wählt euch unterschiedlich klingende Instrumente aus.
   (Jedes Kind bekommt ein Instrument.)
   Erfindet einen gemeinsamen Rhythmus im 4/4-Takt, bei dem jedes Instrument etwas anderes, aber zum Rhythmus Passendes spielt.
   Jeder Schüler schreibt auf einem Rhythmusstreifen auf, was er spielt.
   Klebt eure fertigen Rhythmusstreifen genau untereinander auf das DIN-A5-Blatt."
4. Nun gehen alle Gruppen für die Arbeitsphase an ihren Arbeitsplatz.
5. Anschließend erfolgt im Sitzhalbkreis die Präsentation der Rhythmusstreifen und ein Vorspiel der Gruppenergebnisse unter Würdigung und Reflexion des Ergebnisses der Musiker.

Fertig geklebt entsteht beispielsweise folgende Partitur:

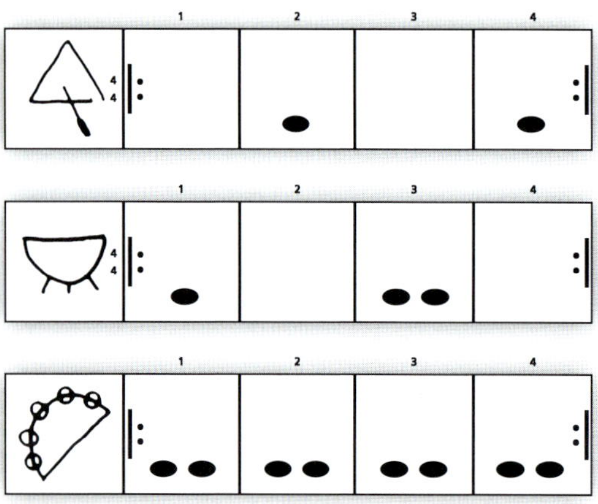

Tipp!

Lassen Sie die Kinder vor dem Präsentieren diese Punktnotation in „echte" Noten abändern (vgl. Methode 25, S. 55). So entsteht schnell ein Verständnis für die traditionelle Notationsweise.

25. GRAFISCHE NOTATION IN TRADITIONELLE NOTATION ÜBERSETZEN

Nachdem die Schüler die Anzahl der Schläge bzw. Pausen pro Zählzeit notiert haben, folgt eine „Übersetzung" der grafischen Notation in die traditionelle Notation

3/4

Unterrichtsbeispiel: **Der Rhythmusstreifen – Übersetzungstafel**

Die einfachen Punkte werden als Viertel, die doppelten Punkte als 2 Achtel und die leeren Stellen als Viertelpausen umgeschrieben. Mithilfe einer Übersetzungstafel kann jedes Kind selbstständig einen gespielten und grafisch notierten Rhythmus in „echten" Noten aufschreiben. Umgekehrt können Ihre Schüler ab sofort mithilfe des Rhythmusstreifens traditionell notierte einfache Rhythmen umsetzen.

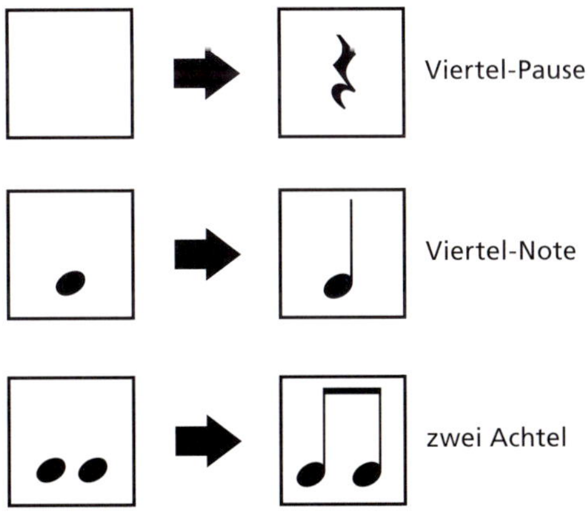

Material:
eigener erstellter Rhythmusstreifen, Übersetzungstafel

Vorbereitung:
Die Schüler haben einen eigenen oder gemeinsamen Rhythmusstreifen wie in Methode „Eigene Rhythmen grafisch notieren" (s. S. 51) und „Partituren schreiben und spielen" (s. S. 53) hergestellt.

Durchführung:

1. Präsentieren Sie den Kindern die „Übersetzungstafel".
2. Geben Sie den Kindern folgenden Arbeitsauftrag: „Übersetze den Rhythmusstreifen in ‚echte' Noten. Nutze dabei Bleistift und Radiergummi."

26. OHNE INSTRUMENTE VIERTEL-RHYTHMEN NACHSPIELEN

Auch ohne Instrumente kann man Musikunterricht sehr lebendig und ästhetisch ansprechend gestalten. Angelehnt an Stomp-Techniken, kann auch ein Klassenraum einen Klangkörper darstellen.

3/4 Unterrichtsbeispiel: **Table-Drums –** der Klassenraum als Schlagzeug (1)

Der Begriff Table-Drums – engl. „Tisch-Schlagzeug" – lässt bereits erahnen, dass mit dieser Methode ohne Einsatz von Instrumenten ein Schlagzeug imitiert werden kann und Kinder für das Lesen von Rhythmusnoten motiviert werden. Die markantesten Instrumente am modernen Drumset sind Hihat, Snare und Basedrum.

Die HiHat läuft meist in Viertel- oder Achtelnoten durch und hat einen hellen Klang. Die große Basedrum unterstützt die Alla-breve-Schwerpunkte und die Snaredrum füllt diese auf. Mit den Table-Drums wird jeder Tisch im Klassenraum genutzt, um Klänge der benannten Instrumente zu imitieren.

Tätigkeit am Tisch	Klangimitation
mit Lineal oder Stiften auf den Tisch schlagen	HiHat (heller Klang, hohe Frequenzen)
mit flacher Handfläche auf den Tisch klatschen	Snare (mittlerer Frequenzbereich)
zur Faust geballten Handballen auf den Tisch schlagen oder auf den Boden stampfen	Basedrum (dumpf, tiefe Frequenzen)

Material:
Rhythmusstreifen auf Folie, Overheadprojektor, Stifte, Lineale

Vorbereitung:
Bereiten Sie die Rhythmusstreifen für die Tafel, den Beamer oder den Overheadprojektor vor.

Hinweis:

Bevor Sie diese Methode anwenden, sollten die Kinder mit Rhythmusstreifen vertraut gemacht worden sein (s. S. 51).

Durchführung:

1. Zunächst werden alle Rhythmen nacheinander eingeübt. Dabei zählen Sie als Beatwächter (s. S. 40) einen Takt vor und die Schüler spielen mit Lineal oder Stift den Rhythmus des I lil lats mit.

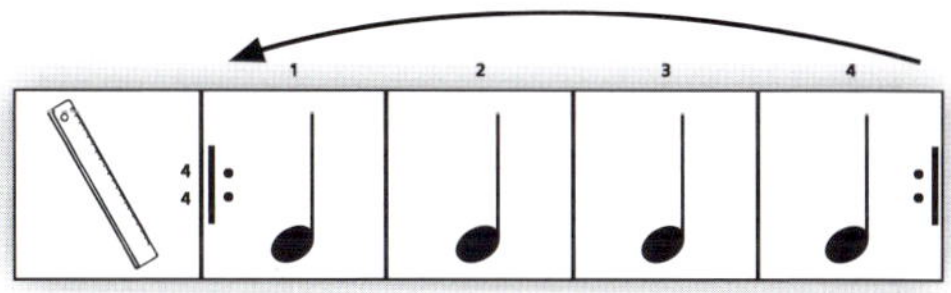

2. Anschließend spielt die Klasse nach dem Einzählen den Rhythmus der Basedrum mit der Faust auf dem Tisch (oder mit dem Fuß auf dem Boden).

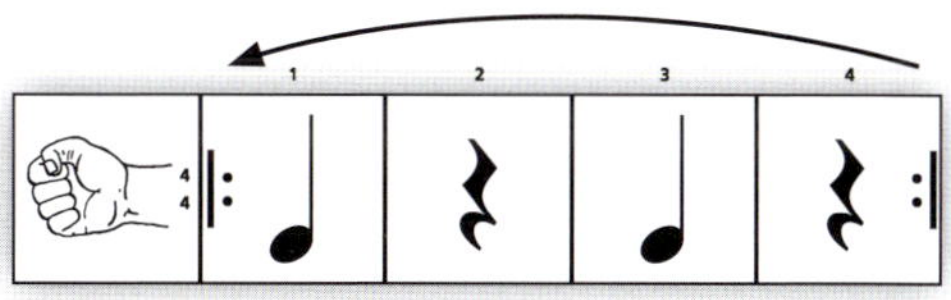

3. Zuletzt wird der Rhythmus der Snaredrum geklärt und mit der flachen Hand auf dem Tisch umgesetzt.

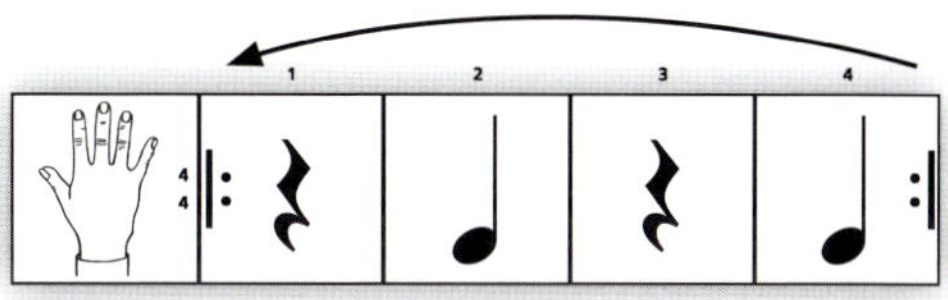

4. Teilen Sie die Klasse in 3 Gruppen (Bankreihen) ein und benennen Sie diese mit „Gruppe Basedrum“, „Gruppe Snaredrum“ und „Gruppe HiHat“.
5. Erst jetzt spielen erstmals alle Gruppen gemeinsam (gleichzeitig) die Schlagzeugpartitur als Loop-Schleife, also immer wieder von vorn beginnend (da capo).

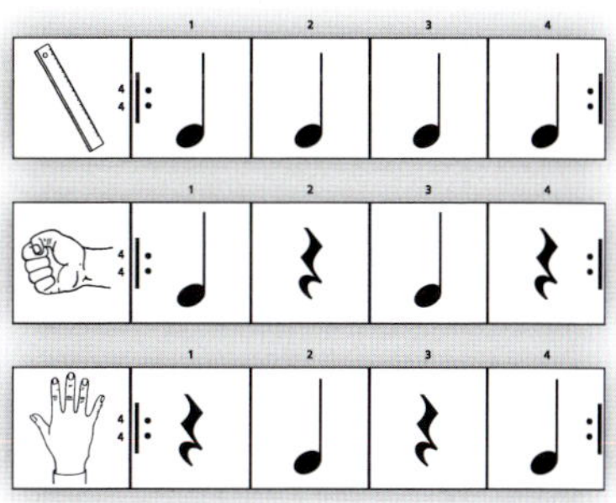

Hinweis:

Das Einzählen eines ganzen(!) Taktes (1, 2, 3, 4) gibt den Schülern die Möglichkeit, den Rhythmus besser aufzunehmen. Durch das Zeigen auf die jeweilige Zählzeit wissen die Schüler beim Spielen immer, wo sie gerade sind.

27. OHNE INSTRUMENTE ACHTEL-RHYTHMEN NACHSPIELEN

Mit der vorangegangenen Methode haben Ihre Schüler gelernt, Viertelnoten und Viertelpausen zu kombinieren und im vorgegebenen Metrum gemeinsam zu spielen. Nun können analog zur Methode „Rhythmusstreifen" auch Achtelnoten erklärt, nachgespielt und begriffen werden.

3/4

Unterrichtsbeispiel: **Table-Drums** – der Klassenraum als Schlagzeug (2)

Durchführung:

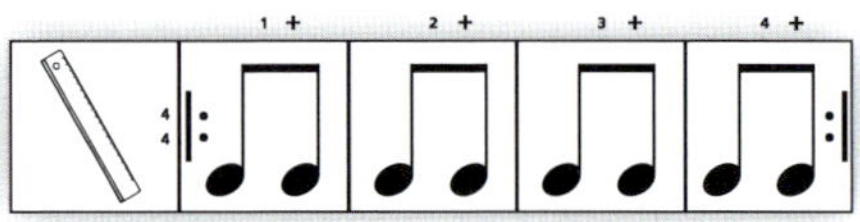

1. Klären Sie mit allen Kindern die Rhythmen der einzelnen Gruppen. Zunächst wird der Achtel-Lauf der HiHat-Gruppe thematisiert.
   Geben Sie dazu folgenden Arbeitsauftrag:
   „Nimm in beide Hände jeweils ein Lineal (oder einen Stift).
   Schlage mit der rechten Hand die vollen Zählzeiten mit.
   Schlage mit der linken Hand die „und" als Zwischenschläge (Achtel) mit.
   Ich zähle einen Takt vor: 1 und 2 und 3 und 4 und …!"
2. Studieren Sie zunächst mit den Kindern diesen HiHat-Rhythmus des Schlagzeugs ein. Hierbei muss den „Schlagzeugern" bewusst gemacht werden, dass ihre rechte Hand immer auf die Zählzeiten schlägt und die linke auf die „und" einen Klang erzeugt. Die beiden Hände wechseln sich also ab und laufen in diesem Beispiel immer geradlinig durch.
   Hinweis: In dieser Partitur sind Achtel-Läufe in der HiHat-Notation erkennbar. Um diese als Achtelnote zu erkennen und nicht mit einer Sechzehntelnote zu verwechseln, bietet sich ein lautes Zählen der Zwischenzählzeit „und" (+) an.
3. Üben Sie den Rhythmus der „Basedrum"-Gruppe mit allen Schülern.
   Hinweis: Achten Sie hierbei auf die Zählweise mit „und" nach der 3. Zählzeit.
   Zählen Sie laut „1, 2, 3 und 4!".

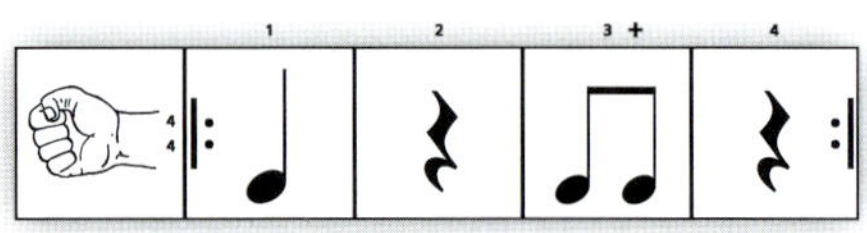

4. Klären Sie den Rhythmus der Snaredrum-Gruppe mit der gesamten Klasse.

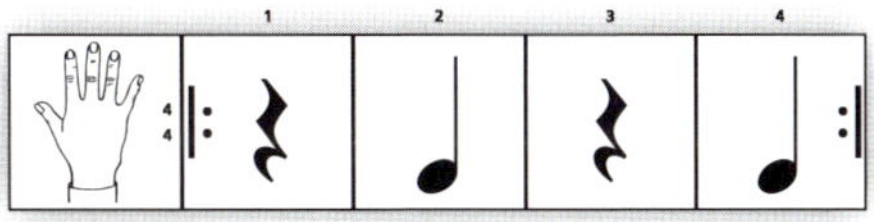

5. Teilen Sie die Klasse nun in drei Gruppen ein.

6. „Are you ready to rock?!" Mit dieser Partitur wird der Klassenraum zur Bühne. Klären Sie kurz, welche Gruppe welchen Rhythmus immer wieder von vorn spielt, zählen Sie 4 vor und los geht's! Ein Standard-Rock-Beat lässt den Klassenraum und die Körper der begeisterten Schüler vibrieren. Mit diesem Begleitrhythmus lässt sich fast jedes Lied im 4/4-Takt begleiten.

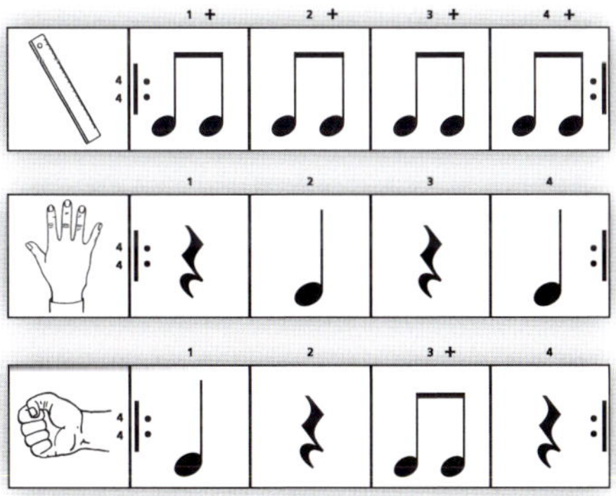

Hinweis:

Lassen Sie die Musiker experimentieren, benutzen Sie beispielsweise Metallstreben (Tisch, Stuhl) für HiHat oder große Schranktüren als Basedrum, je mehr Ideen der Kinder in die Unterrichtssequenz einfließen, desto besser wird das Ergebnis!

Tipps!

- Spielen Sie den Schlagzeugrhythmus des Songs „Clint Eastwood" der Formation Gorillaz.
  Durch das Mitspielen zu popularmusikalischen Liedern mit markanten Rhythmen erleben die jungen Musiker vielleicht zum ersten Mal in

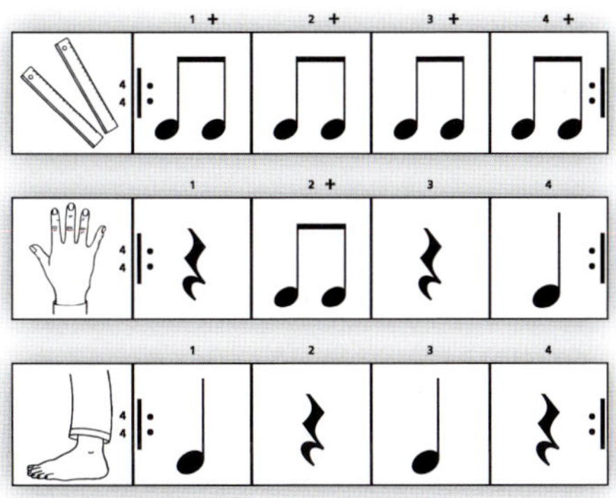

ihrem Leben, wie es sich anfühlt, mit einer berühmten Band gemeinsam zu musizieren. Versuchen Sie neben Gorillaz auch „We will rock you" von Queen.

- Lassen Sie weitere Lieblingslieder der Kinder als Hausaufgabe mit „Table-Drums" beschreiben. Dadurch wird Musikunterricht realistischer und authentischer für die Lernenden. Weiterhin ist diese Form der Beschäftigung mit Rhythmusnoten vom Kind ausgehend erlebnisorientiert sowie emotional.

MELODIEN SPIELEN UND LIEDER BEGLEITEN

Hauptidee in diesem Kapitel ist es nicht, Liedmelodien auf Instrumenten nachzuspielen, sondern vielmehr mit verschiedenen Tönen Melodien und sogar Harmonien zu erzeugen, mit denen der Klassengesang begleitet werden kann. Dabei spielen Ostinatobegleitungen eine ebenso wichtige Rolle wie das Begleiten durch Spielen der Grundtöne der jeweiligen Akkorde. Dabei sollen die Schüler

- Tonverläufe erkennen und darstellen,
- mit Grundtönen von notierten Akkorde begleiten,
- mithilfe vorgegebener Fingersätze begleiten,
- sich auf einer Klaviatur orientieren können und
- Noten erkennen und mithilfe des „stummen Klaviers" spielen.

Um mit Tönen einfache Melodien und Harmonien als Begleitung für Lieder zu spielen, sollten die Schüler bereits in der Lage sein, rhythmisch-metrisch korrekt zu musizieren. Dadurch lassen sich die Zeitpunkte der Tonwechsel weitaus einfacher thematisieren. Sollten Sie das Fach Musik fachfremd unterrichten, lernen Sie in diesem Kapitel mit den Kindern zusammen, Noten zu identifizieren und Töne auf der Klaviatur zu finden.

28. TONHÖHEN DURCH BEWEGUNG SICHTBAR MACHEN

Mit dieser bewegungsbetonten Methode machen Kinder Tonhöhen mit dem Körper und farbigen Tüchern (Stellvertretern) sichtbar. Ihre Schüler zeigen, dass sie Tonhöhenverläufe unterscheiden können.

1–4 Unterrichtsbeispiel: **Mit Tüchern tanzen**

Material:
Tücher, CD: „Donner" (3. Episode aus „La Primavera". Op. 8 RV 269, 1. Satz; A. Vivaldi, Abspielgerät)

Vorbereitung: —

Durchführung:

1. Geben Sie folgenden Arbeitsauftrag, bevor Sie die Musik abspielen: „Höre der Musik aufmerksam zu. Achte auf die Melodie. Was fällt dir auf?"
2. Sprechen Sie kurz mit den Kindern: „Was ist dir aufgefallen?" (Schnell kommen die Kinder auf die unterschiedlichen Tonhöhen zu sprechen.)
3. Verteilen Sie nun die Tücher an die Schüler, und geben Sie den Kindern folgenden Auftrag: „Bewege dein Tuch passend zur Musik: Bei tiefen Tönen dicht über dem Boden, bei höheren Tönen immer höher bis weit über deinen Kopf."
4. Abschließend können Sie mit den Kindern zusätzlich über die erzeugte Stimmung und Lautmalereien sprechen, welche durch die verschiedenen Tonhöhen erzeugt werden.

29. EIN-TON-BEGLEITUNGEN

Einsätzige, einfach harmonisierte Lieder eignen sich perfekt, um das Spielen auf Tasteninstrumenten, Stabinstrumenten (Glockenspiel etc.) und klingenden Stäben mit Kindern anzubahnen. Hierbei stehen der Umgang mit dem Instrument, das Anvisieren und Treffen von Tasten bzw. Platten, das Halten von Schlägeln sowie das metrisch korrekte Umsetzen dieser simplen „Begleitung“ im Vordergrund.

2/3

Unterrichtsbeispiel: **Läuten die Glocken**

Läuten die Glocken

| Kanon für 3 Stimmen | Text und Musik: Karl Haus und Franz Möckl | © Rechte beim Urheber

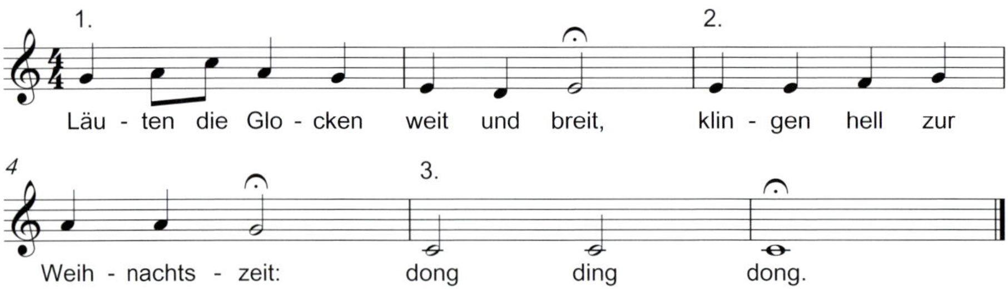

Material: Tasten- oder/und Stabinstrumente

Vorbereitung: Üben Sie mit den Kindern zuvor das Lied ein.

Durchführung:

1. Leiten Sie zunächst die Vorübung zum Begleiten an: „Patsche auf die Zählzeit 1 und 3 sanft auf deinen Oberschenkel, während ich einen 4/4-Takt laut vorspreche. 1, 2, 3, 4, 1, 2, 3, 4 …“
2. Lassen Sie die Kinder das Lied nun singen. Sprechen Sie ruhig den 4/4-Takt mit. Dabei patschen die Kinder beim Singen sanft auf den Oberschenkel.
3. Bestimmen Sie 4–5 Kinder, die nun sanft den Ton C auf dem Glockenspiel wie in der Vorübung auf die Zählzeit 1 und 3 anschlagen.
   Die Sänger geben den Instrumentalisten hierbei eine Orientierungshilfe durch das Patschen auf die Oberschenkel.
   Lassen Sie die Kinder nun die Rollen tauschen. **Hinweis:** Sobald der Klassengesang sicher ist, kann auch im Kanon gesungen werden.

30. DAS BEGLEITEN MIT ZWEI TÖNEN

Bevor Schüler an Instrumenten zwei Töne spielen, empfehle ich, das Anschlagen zweier Töne teilkörperlich zu üben, um den Kindern Sicherheit beim Spielen zu geben und die Nerven aller Musiker zu schonen.

1/2

1. Unterrichtsbeispiel: **Vorübung zum Begleiten mit zwei Tönen**

Die Lernenden patschen beim Singen die Zählzeiten mit. Dabei wechseln sie vom linken zum rechten Oberschenkel. Trainiert wird hier, wann der Wechsel vollzogen wird bzw. wie oft ich auf den jeweiligen Oberschenkel patsche, bevor ich wechsle.

Der Schulfestsong | Text: C. Mann | Melodie: traditionell

Material: —

Vorbereitung:

Üben Sie mit den Kindern Text und Singstimme ein.

Durchführung:

Setzen Sie sich mit den Kindern in den Stuhlkreis und leiten Sie sie wie folgt an:

1. „Setze dich in Gesangshaltung in den Stuhlkreis.“
   (vorrutschen, Beine stehen im 90°-Winkel fest auf dem Boden)

2. „Zähle leise mit der ganzen Klasse bis 4."

3. „Schlage 2 Takte (1, 2, 3, 4, 1, 2, 3, 4) lang im Metrum (Zählzeiten = Viertel) mit der linken Hand auf dein linkes Bein."

4. „Schlage danach 2 Takte mit der rechten Hand auf dein rechtes Bein."

5. „Schlage danach wieder 2 Takte auf dein linkes Bein."

6. „Sprich: „(Wir) freuen uns, heute hier zu sein. High Five!"
   (Dabei klatschen die Kinder im Takt in die Hände.)

7. „Schreibe mit deinem Finger auf das linke Bein ein großes D und auf dein rechtes Bein ein großes A (Luftschrift)."

8. „Wiederhole die Übung und sprich beim Zählen laut den Buchstaben, den du mit Luftschrift aufgeschrieben hast. Zähle im Flüsterton die Zählzeiten mit."
   (D, 2, 3, 4, D, 2, 3, 4, A, 2, 3, 4, A, 2, 3, 4, D, 2, 3, 4, D, 2, 3, [4 = „Wir"] „freuen uns, heute hier zu sein. High Five!")

Hinweis:

Ziel ist es, die Kinder beim Musizieren zu befähigen, das Metrum „im Blut" zu haben. Daher wird erst leise, später flüsternd und abschließend nur noch im Kopf gezählt.

1/2 2. Unterrichtsbeispiel: **„Gleich geht das Schulfest los" begleiten**

Die Lernenden wissen nach der Vorübung (s. S. 65) genau, wann gewechselt wird. Nachdem den Oberschenkeln Tonnamen gegeben wurden, können diese Töne auf „echten Instrumenten" gespielt werden.

Material:
je Kind: klingende Stäbe (d und a), Xylofon oder Glockenspiel (nur d und a)

Vorbereitung:
Üben Sie das Lied mit den Schülern zuvor ein.

Durchführung:

1. Setzen Sie sich mit den Kindern in einen Musizierkreis, klingende Stäbe (d und a), Xylofon oder Glockenspiel (nur mit d und a) liegen für jedes Kind bereit.

2. Wiederholen Sie mit den Kindern die Vorübung (s. S. 65), dabei sprechen die Kinder beim Zählen **im Kopf** den jeweiligen Buchstaben mit, den sie mit Luftschrift aufgeschrieben hatten.
   (D, 2, 3, 4, D, 2, 3, 4, A, 2, 3, 4, A, 2, 3, 4, D, 2, 3, 4, D, 2, 3, [4 = „Wir"] „freuen uns, heute hier zu sein. High Five!")

3. Teilen Sie den Kindern nun die Instrumente aus und geben Sie folgende Anweisung: „Stelle die zwei klingenden Stäbe (bzw. Holzstäbe, Metallplatten) (d und a) vor dich und spiele darauf wie in der Vorübung."
   Hinweis: Die Übung funktioniert auch mit Klavier oder Keyboard, der Ton ist aber etwas schwieriger zu treffen, da sich noch andere Töne direkt daneben befinden.

4. Spielen die Kinder sicher die Begleitung, können sie nun gemeinsam das Lied singen und gleichzeitig begleiten.

Tipp!

Sollten Sie mit Glockenspielen begleiten, empfehle ich die Verwendung zweier Schlägel, um die Bewegung aus der Vorübung leichter umsetzen zu können.

31. BEGLEITEN MIT ZWEI TÖNEN IM 3/4-TAKT

Auch für die Begleitung des Dreier-Metrums empfehle ich eine Vorübung, damit das Begleiten auf Instrumenten unproblematisch funktioniert.

2/3

1. Unterrichtsbeispiel: **Vorübungen für das Begleiten mit 2 Tönen für „Schneeflöckchen, Weißröckchen“**

Die Lernenden patschen beim Singen die Zählzeiten mit. Dabei wechseln sie vom linken zum rechten Oberschenkel.

Schneeflöckchen, Weißröckchen | Volkslied

Material: —

Vorbereitung:
Erarbeiten Sie das Lied in D-Dur.

Durchführung:

1. Setzen Sie sich mit den Kindern in den Stuhlkreis. Achten Sie auf eine gute Gesangshaltung (s. S. 94).
2. Wiederholen Sie mit den Kindern kurz das Lied.
3. Leiten Sie die Kinder wie folgt an: „Zähle leise mit der ganzen Klasse bis 3 (1, 2, 3, 1, 2, 3)“. Achtung: Tempo des Liedes beachten! „Schunkel mit den anderen Kindern auf die Zählzeit 1 von links nach rechts.“ „Schlage einmal mit der linken Hand auf dein linkes Bein. Schlage danach mit der rechten Hand auf dein rechtes Bein.“ (Zählen nicht vergessen!)

a) „Schlage noch einmal mit der rechten Hand auf dein rechtes Bein und danach wieder einen Takt auf dein linkes Bein."
([links] 2, 3, [rechts] 2, 3, [rechts] 2, 3, [links] 2, 3)

b) „Schreibe mit deinem Finger auf das linke Bein ein großes D und auf dein rechtes Bein ein großes A." (Luftschrift)

c) „Wiederhole die Vorübung und sprich beim Zählen laut den Buchstaben, den du mit Luftschrift aufgeschrieben hast."

d) Die Kinder patschen genau wie eben weiter, sprechen aber dazu beim Patschen den Merktext:
(2-mal) D (2, 3), A (2, 3), A (2, 3), D (2, 3) im Kopf mitzählen!

2/3

2. Unterrichtsbeispiel: **„Schneeflöckchen, Weißröckchen" auf Stabinstrumenten begleiten**

Die Lernenden wissen nach der Vorübung von S. 68 genau, wann gewechselt wird. Nachdem den Oberschenkeln Tonnamen gegeben wurden, können diese Töne nun auf „echten Instrumenten" gespielt werden.

Material:
für jeden Schüler klingende Stäbe (d und a), Xylofon oder Glockenspiel (nur mit d und a), Liedtext

Vorbereitung:
Das Lied (in D-Dur) ist den Schülern bekannt.

Durchführung:

1. Wiederholen Sie mit den Kindern die Vorübung (s. S. 68) und lassen Sie sie laut den Merktext mitsprechen.
2. Nun können die Kinder zwei Stäbe/Platten (d und a) vor sich stellen und die Begleitung am Instrument kurz üben.
3. Dann können Sie mit den Kindern singen und das Lied begleiten.

Tipp!

Die Töne d und a stehen oft auf Stabspielen. Versehen Sie sonst ggf. beide Stäbe mit den Tonnamen.

32. DEN TON „C" AUF TASTENINSTRUMENTEN FINDEN

Um mit Kindern im Musikunterricht auch Tasteninstrumente sinnvoll verwenden zu können, müssen Schüler eine Orientierung auf der zunächst schier unendlich großen Klaviatur erhalten.

1/2

Unterrichtsbeispiel:
Die Zwillinge – zwei schwarze Tasten finden

Es werden genau zwei nebeneinanderliegende schwarze Tasten gesucht.

Material:
Tasteninstrumente

Tipp!

An jedes Tasteninstrument passen, aufgrund der Oktaven, stets 4 Kinder gleichzeitig. Stellen Sie ruhig ihr privates Keyboard zur Verfügung, um mehr Kinder aktiv einbeziehen zu können. Sollten den Schülern nicht ausreichend Instrumente zur Verfügung stehen, kann auch ein Klavier für interaktive Smartboards oder das stumme Klavier (s. S. 73) bereitgestellt werden.

Vorbereitung: —

Durchführung:

1. Teilen Sie jedem Tasteninstrument eine Kleingruppe zu.
2. Geben Sie den Auftrag: „Sieh dir die Klaviertastatur (oder Tasten des Keyboards) genau an. Was fällt dir auf?" Lenken Sie den Fokus auf die schwarzen und weißen Tasten. Weisen Sie darauf hin, dass die schwarzen Tasten immer in 2er- und 3er-Gruppen vorkommen.
3. Lassen Sie die Kinder mit Zeige- und Mittelfinger der rechten Hand einen Zwilling suchen.
4. Der Daumen soll daraufhin auf die weiße, linke Taste neben den Zeigefinger gelegt werden. Diese entspricht der Note c.
5. Lassen Sie nun alle „c" Töne finden und vorspielen.

33. DAS STUMME KLAVIER ALS HILFE ZUR NOTENFINDUNG

Diese Lernhilfe kombiniert das Zuordnen von Tonnamen zu notierten Tönen in der Notenzeile mit der Möglichkeit, diese Töne sofort(!) auf einer Klaviertastatur zu spielen.

1–4

Unterrichtsbeispiel: **Das zusammengesetzte stumme Klavier**

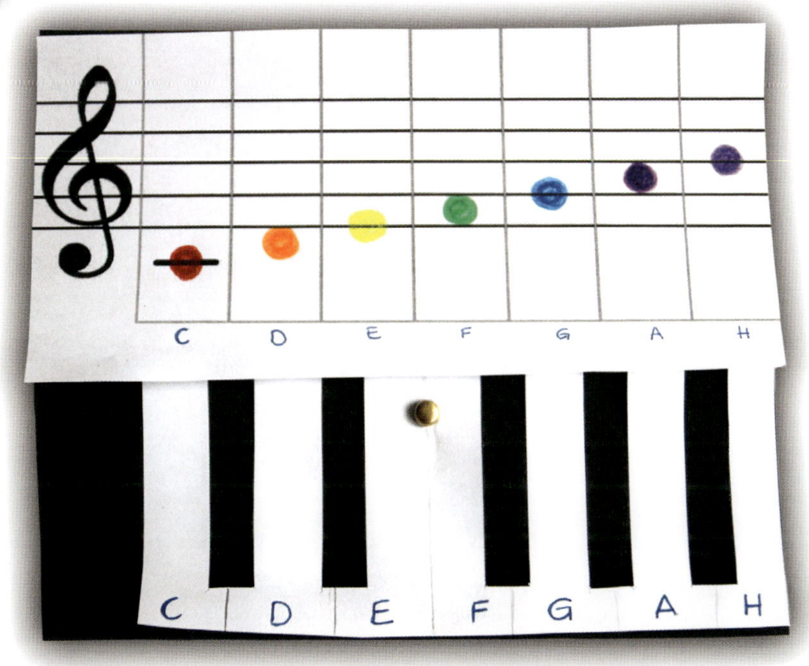

Material:
für jedes Kind: ein stummes Klavier (s. Hinweis zum Download auf S. 8), zu spielende Noten (möglichst mit Platz zum Notieren der Notennamen)

Eine kleine Nachtmusik | W. A. Mozart | Transposition für Kinder von C. Mann

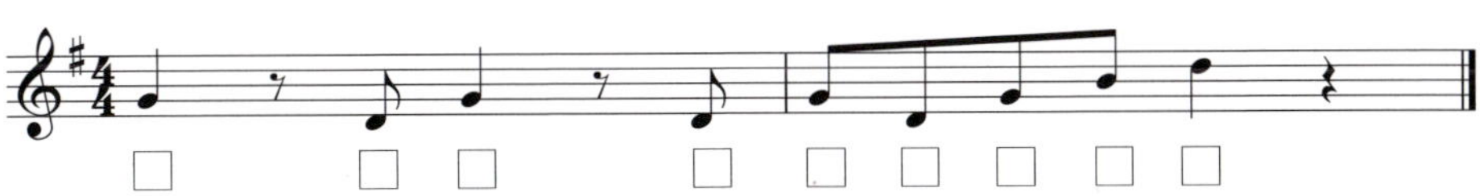

Vorbereitung:
Stellen Sie mit den Kindern stumme Klaviere (s. Hinweis zum Download auf S. 8) her.
Drucken oder kopieren Sie die Noten für alle Kinder.
Thematisieren Sie mit den Kindern zuvor, dass eine Notenzeile aus 5 Notenlinien besteht und wie die Noten heißen.

Durchführung:

1. Wiederholen Sie mit den Schülern, dass eine Notenzeile aus 5 Notenlinien und 4 Zwischenräumen besteht. Diese werden von unten nach oben mit 1 bis 5 auf dem stummen Klavier durchnummeriert.
2. Geben Sie die zu spielenden Noten aus. Gehen Sie die Noten von vorn nacheinander durch. Geben Sie dabei folgende Arbeitsanweisungen: „Suche den Ort (also die jeweilige Linie oder den Zwischenraum), auf dem die Note liegt. Suche diese Note auch auf dem stummen Klavier. Lies den Tonnamen auf dem stummen Klavier ab und schreibe den Notennamen unter die Note."
3. Sind alle Töne identifiziert, kann der Musiker auf dem stummen Klavier (still) proben.
4. Abschließend können Kinder die Melodie auf dem echten Tasteninstrument vorspielen.

34. DAS STUMME KLAVIER ALS SPIELHILFE

Sobald die Lernenden wissen, wie die zu spielenden Töne heißen, kann „der Kamm" vom A5-Untergrund getrennt und auf die Tastatur gelegt werden. Spielt ein Kind nun die jeweiligen Tonnamen, erklingen „automatisch" die korrekten Töne. Ein unglaubliches Erfolgserlebnis für Ihre Schüler!

1–4

Unterrichtsbeispiel: **Das stumme Klavier getrennt als Schablone:**

Material:
Tasteninstrumente, für jedes Kind: Noten eines leichten Klavierstückes (z. B. „I like the flowers" S. 83), stummes Klavier (s. Hinweis zum Download auf S. 8)

Vorbereitung:
Singen Sie ein bereits erarbeitetes Lied. Teilen Sie die stummen Klaviere aus, oder lassen Sie die Kinder ihr eigenes stummes Klavier bereitlegen. Teilen Sie die Noten der Liedbegleitungen mit genügend Platz zum Notieren der zu spielenden Tonnamen aus.

Durchführung:

1. Verteilen Sie die Noten, das „stumme Klavier" und einen Stift.
2. Leiten Sie die Kinder daraufhin wie folgt an: „Sieh dir die Noten an. Auf welcher Notenlinie oder in welchem Zwischenraum liegt die erste Note? Finde diesen Ton auf dem stummen Klavier und zeige auf ihn. Wie heißt dieser Ton? Schreibe den richtigen Notennamen (Buchstaben) unter die Note auf deinen Notenstreifen oder auf die Partitur.
(Weitere passende Beispiele finden Sie auf S. 89, 137, 138 und 139.)
Spiele die Melodie still auf dem stummen Klavier!"
3. Lassen Sie die Kinder an den Instrumenten Platz nehmen.
4. Leiten Sie die Kinder weiter an: „Lege den Kamm auf die Tasten. Spiele uns die Melodie vor!"

35. DIE C-DUR-TONLEITER SINGEN

Hauptsache, es rockt! Dieses zugegebenermaßen textlich sehr abstrakte „Lied" dient dem Erlernen der Tonleiter verbunden mit der Orientierung auf Tasteninstrumenten.

1/2

Unterrichtsbeispiel: **Der Tonleiter-Song (1)**

In meinem Unterricht wird das Lied trotz seiner Einfachheit sehr gern gesungen. Um die Banalität des Textes in den Hintergrund zu stellen und Lust auf das Lied zu machen, begleite ich es klanglich ästhetisch auf E-Gitarre oder Keyboard (mit Beat im Hintergrund).

Der Tonleiter-Song | Text und Musik: C. Mann

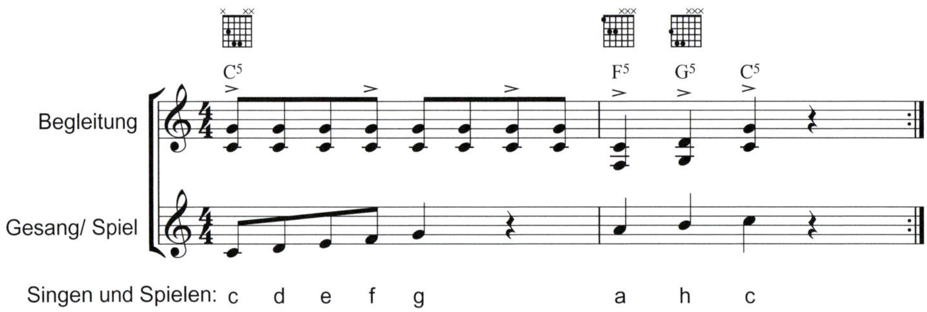

Material:
Tasteninstrumente

Vorbereitung: —

Durchführung:

1. Spielen Sie den Kindern mit viel Freude das Lied vor.
2. Erarbeiten Sie zunächst singend den Fünftonraum (erster Takt). Dabei singen Sie immer wieder von vorn den ersten Takt vor. Die Pause auf Zählzeit 4 wird dabei von Ihnen und den Kindern durch 2-maliges Klatschen aufgefüllt: „c, d, e, f, g, klatsch, klatsch".
3. Singen Sie mit den Kindern das ganze Lied.

36. TONLEITER-AUSSCHNITTE SINGEN UND SPIELEN

Können die Schüler den Ton C auf Tasteninstrumenten finden (s. S. 70) und die Namen der Töne der C-Dur-Tonleiter in der richtigen Reihenfolge nennen, sind sie in der Lage, den Tonleiter-Song (s. S. 74) selbst zu begleiten.

1/2

Unterrichtsbeispiel: **Der Tonleiter-Song (2)**

Nachdem der Daumen auf den Grundton gelegt wurde, wird zunächst der Fünftonraum selbst gespielt.

Material:
Tasteninstrumente

Vorbereitung:
Singen Sie zuvor mit den Kindern den Tonleiter-Song (s. S. 74) und üben, den Ton c auf Tasten zu finden (s. S. 70).

Durchführung:
Leiten Sie die Übung wie folgt an:

1. „Lege deinen Daumen der rechten Hand auf den Ton c."
   (Kontrolle durch gleichzeitiges Anspielen: Zählen Sie hierfür 4 vor: 1, 2, 3, 4, BLING)
2. „Lege die anderen Finger dieser Hand locker so daneben, dass jeder Finger auf einer weißen Taste Platz findet."
3. „Spiele nacheinander Daumen, Zeigefinger, Mittelfinger usw. und singe dazu den Tonleiter-Song!"
4. „Wie heißt der letzte Ton (kleiner Finger)?" (Antwort: g)
5. „Singe den Tonleiter-Song dazu!"
   (Achtung! Nur c d e f g spielen, A H C nur singen.)

37. DIE C-DUR-TONLEITER SINGEN UND SPIELEN

1–3 Unterrichtsbeispiel: **Der Tonleiter-Song (3)**

Der Fünftonraum wird bis zur Oktave ergänzt. Die Schüler spielen die gesamte C-Dur-Tonleiter im richtigen Rhythmus, begleiten das Lied und zeigen, dass sie die Tonnamen in der richtigen Reihenfolge nennen und auf der Klaviatur finden können.

Material:
Tasteninstrumente

Vorbereitung:
Die Kinder sollten die Tonleiter singen können und den Fünftonraum kennen.

Durchführung:

Leiten Sie die Übung wie folgt an: „Spiele c, d, e, f, g auf deinem Instrument. Versetze deinen Daumen nun auf die Taste neben deinem kleinen Finger (g). Wie heißt dieser Ton? (a) Spiele a h c indem du der Reihenfolge nach die Tasten mit Daumen, Zeige- und Mittelfinger drückst. Spiele und singe den gesamten Tonleiter-Song (immer wieder von vorn)."

Tipp!

Für mögliche Pianisten in Ihrer Klasse ist der Fingersatz nicht 1, 2, 3, 4, 5 – 1, 2, 3, sondern 1, 2, 3 – 1, 2, 3, 4, 5, wobei der Daumen beim Wechsel von 3 nach 1 unter Zeige- und Mittelfinger zum Ton f geschoben wird.

Anmerkung:

Dies ist kein klassischer Klavier-Fingersatz, sondern eine Form für jedes(!) Kind, den Fünftonraum einfach zu spielen und durch die Pause nach g mit drei weiteren Tönen zur Oktave aufzufüllen.

38. BEGLEITEN VON NOTIERTEN AKKORDEN MIT GRUNDTÖNEN

Die meisten Notationen von Kinderliedern in Musikbüchern beinhalten auch Akkordsymbole. Verwenden Sie diese im Unterricht, um mit wenigen Vorkenntnissen Lieder auf beschrifteten Stabinstrumenten oder mithilfe des stummen Klaviers zu begleiten!

2–4

Unterrichtsbeispiel: **Für Lieder mit einfacher Kadenz-Begleitung**

Viele Kinder- und Volkslieder lassen sich mit der einfachen Kadenz begleiten. Dabei werden die Dur-Dreiklänge auf dem Grundton (1. Stufe), der Quarte (4. Stufe), der Quinte (5. Stufe) und wieder auf dem Grundton (1. Stufe) gebildet. Das Lied wird mit der Tonika (1.), der Subdominanten (4.), der Dominanten (5.) und abschließend wieder mit der Tonika begleitet. Je nach Tonart ändert sich der Grundton und damit auch die folgenden Akkorde. Hier eine Auflistung der Tonarten, die in der einfachen Kadenz mit Grundtönen der Akkorde ohne Versetzungszeichen begleitet werden können:

Aufbau allgemein	in E-Dur	in G-Dur	in A-Dur	in C-Dur	in D-Dur
1. 4. 5. 1. T Sd D T	E A H E T Sd D T	G C D G T Sd D T	A D E A T Sd D T	C F G C T Sd D T	D G A D T Sd D T

Material:

Tasteninstrumente, Glockenspiele oder klingende Stäbe mit den Tönen C, F, G (oder E, A, H oder G, C, D etc. s. Tabelle oben); stummes Klavier, Noten des Liedes, welches Sie begleiten möchten, inklusive der Akkordsymbole (der einfachen Kadenz) über dem Notentext, z. B.: „Winterwunsch" (s. S. 78)

Vorbereitung:

Erarbeiten Sie in einer vorangehenden Stunde das Lied, welches Sie begleiten möchten, singend. Bereiten Sie die Instrumente und Noten vor.

Winterwunsch | Text und Musik: C. Mann

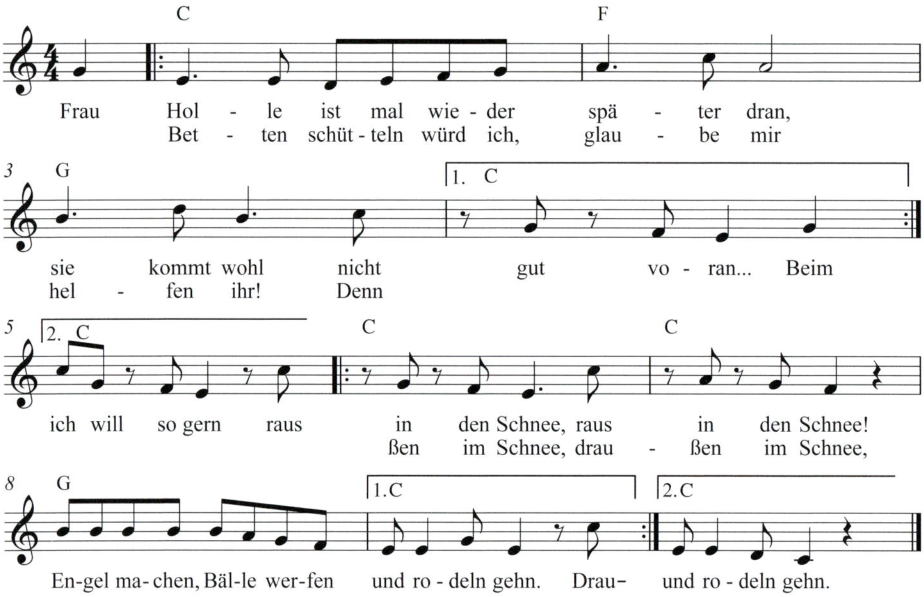

Durchführung:

1. Geben Sie die Noten (mit Akkordsymbolen!) des bereits erarbeiteten Liedes aus und wiederholen Sie das zu begleitende Lied (singen).

2. Besprechen Sie mit den Kindern folgende Punkte: „Sieh dir die Noten genau an. Was fällt dir auf?"
Lenken Sie die Aufmerksamkeit der Kinder auf die „Buchstaben" und thematisieren Sie gemeinsam die Akkordsymbole. Erklären Sie des Weiteren, dass heute die Grundtöne der Akkorde gespielt werden.

3. „Welche Grundtöne musst du spielen?"

Antwort in C-Dur: c f g c (oder die Grundtöne der einfachen Kadenz einer anderen Tonart)

4. „Suche die Töne auf dem stummen Klavier."

5. Geben Sie einem Drittel der Klasse ein Instrument. (**Hinweis:** An Tasteninstrumente passen mehrere Kinder gleichzeitig!). Diese Schüler stellen die Instrumentalgruppe dar, welche das Lied begleitet. Der Rest der Klasse nimmt die Funktion der Sänger ein. Ein Kind übernimmt die

Funktion des „Beatwächters" (s. S. 40), welcher die Zählzeiten laut mitzählt und dabei die Zählzeit 1 auf einem Orff-Instrument spielt.

6. Geben Sie der Instrumentengruppe folgenden Auftrag: „Suche die Töne c f g c auf deinem Instrument und spiele sie an. Der Beatwächter zählt laut bis 4. Zähle im Kopf mit und schlage immer auf die Zählzeit 1 den nächsten Ton an. Also: C, 2, 3, 4, F, 2, 3, 4, G, 2, 3, 4, C, 2, 3, 4."
7. Geben Sie der Sängergruppe folgenden Auftrag: „Nimm die Gesangshaltung ein und singe das Lied! Achte auf das Einzählen des Beatwächters!"
8. Der Beatwächter zählt ein (und danach weiter …). So fügt sich das Stück zusammen.

Hinweis

Der letzte und der erste Ton gleichen sich. Lassen Sie die Schüler diese Erkenntnis entdecken! Thematisieren Sie anschließend, dass das „c" bei Wiederholung der Kadenz am Ende und auch am Anfang erklingt.

Tipp!

Sie können beliebige Lieder durch die Grundtöne sämtlicher Akkorde begleiten! Die einfache Kadenz dient hier nur als Beispiel.

39. BEGLEITEN DER EINFACHEN KADENZ IN C-DUR MIT DREIKLÄNGEN

Nach der Stufentheorie kann auf Tasten- oder Stabinstrumenten sehr anschaulich erklärt werden, wie Dreiklänge (ohne Vorzeichen, in Grundstellung) aufgebaut sind.
Diese Methode ist erst zu empfehlen, wenn die Schüler bereits sicher Töne auf einer Tastatur finden und mit ihnen genug Erfahrung beim Begleiten von Liedern im Unterricht gemacht haben.

4 Unterrichtsbeispiel: **Für Lieder mit einfacher Kadenz-Begleitung**

Die Grundtöne (1. Stufe) der einfachen Kadenz werden durch das Hinzufügen der Terzen (3. Stufe) und Quinten (5. Stufe) zu Dreiklangs-Akkorden vervollständigt.

Material:

Tasteninstrumente, stumme Klaviere, Lieder mit einfacher Kadenz-Begleitung (z. B. „Winterwunsch“ (S. 78), „Stubs, der kleine Osterhase“, „Meine Oma fährt im Hühnerstall Motorrad“, „Hab ne Tante aus Marokko“, „Ringlein, Ringlein, du musst wandern“, Farben-Lied („Grün, ja grün sind alle meine Kleider ...“), „Heut kommt der Hans zu mir“, „Mein Hut der hat drei Ecken“)

Vorbereitung:

Thematisieren Sie den Dreiklang (Notenbild!), singen Sie den Dreiklang (s. Solmisation S. 119). Spielen Sie die 1., 3. und 5. Stufe (c e g/ f a c/ g h d) zunächst nacheinander abgesetzt (staccato), nacheinander verbunden (legato) und anschließend gleichzeitig (als Akkord) vor. Heben Sie das Überspringen jeweils einer Taste (oder Klangplatte) hervor und wiederholen Sie die „Schneemannform“ der Dreiklänge (s. S. 119) der einfachen Kadenz in C-Dur.

Durchführung:

1. Lassen Sie die Kinder in Kleingruppen an den Tasteninstrumenten Platz nehmen. Hilfsmittel, wie das „stumme Klavier" (s. S. 73), als Orientierungshilfe sind auch am Instrument erlaubt.
2. Kinder, die jetzt nicht am Instrument sitzen können, üben am stummen Klavier mit.
3. Leiten Sie die Übung folgendermaßen an:
   „Suche den Ton c auf dem Instrument und spiele ihn mit dem Daumen der rechten Hand an".
   (Hierdurch hören Sie, ob alle Schüler den richtigen Ton gefunden haben.)
   „Suche den nächsten Ton des C-Dur-Dreiklangs. Wie heißt der Ton?" (Antwort: e)
   „Lege deinen Daumen wieder auf das c, lege die anderen Finger der Hand locker neben das c auf die danebenliegenden weißen Tasten. Spiele nun c und e mit Daumen und Mittelfinger nacheinander."

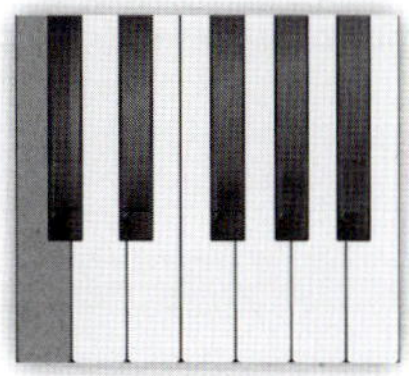

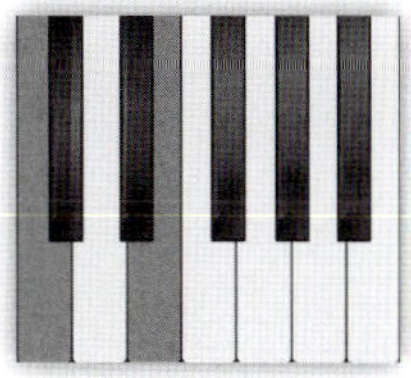

4. Es erklingen Grundton und große Terz im Raum.
5. „Suche den dritten Ton des Dreiklangs (g) Auf welcher Stufe liegt der Ton? Wie heißt der Ton?" (Antwort: 5. Stufe, Ton g)

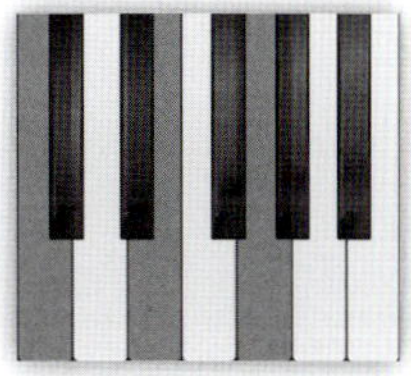

6. „Spiele alle drei Töne des Dreiklangs mit Daumen, Mittelfinger und kleinem Finger nacheinander an. Beginne mit dem Daumen."
7. „Spiele nun den kompletten Dreiklang gleichzeitig mit Daumen, Mittelfinger und kleinem Finger an."
8. Lenken Sie die Schüler auf das „Bild" des Dreiklangs auf der Klaviatur!
9. „Spiele nun den Dreiklang für F-Dur!" (f a c)

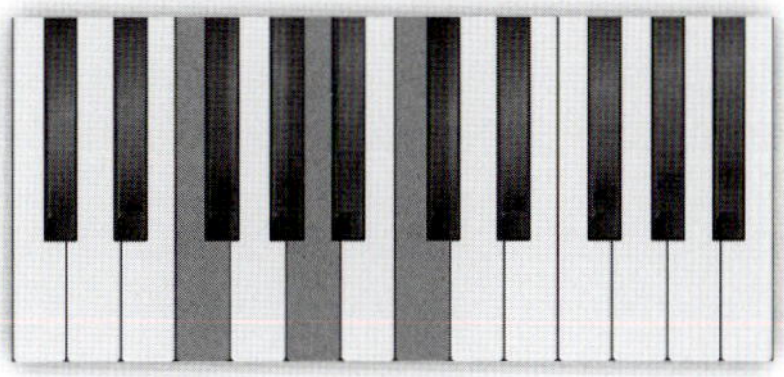

10. Verdeutlichen Sie die Analogie zum C-Dur- Dreiklang!
11. Der Fingersatz ist derselbe, jedoch liegt der Daumen auf dem Ton f.
12. Um in der Grundstellung bleiben zu können, befindet sich die 5. Stufe (c) auf der nächsten Oktave, also auf dem stummen Klavier des Nachbarn.

13. „Spiele den Dreiklang für G-Dur!"
(g h d)

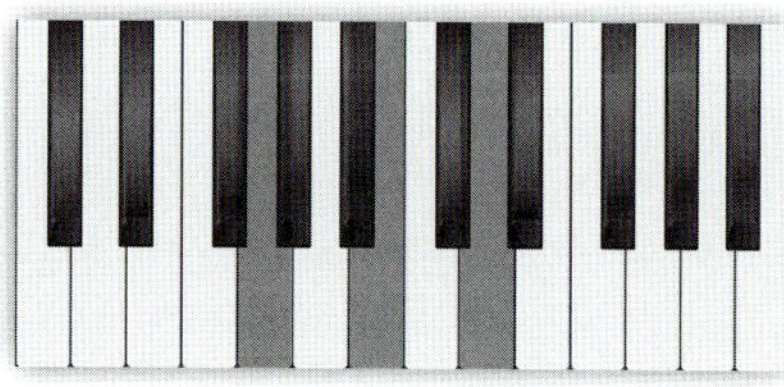

14. Verdeutlichen Sie die Analogie zum C-Dur-Dreiklang!

15. Der Fingersatz ist derselbe, jedoch liegt der Daumen auf dem Ton g.

16. „Spiele auf die Zählzeit 1 die Dreiklänge in folgender Reihenfolge: C-Dur, F-Dur, G-Dur, C-Dur und beginne wieder von vorn mit C-Dur!"

17. Singen Sie mit den Kindern, die gerade nicht am Instrument spielen, ein Lied mit der einfachen Kadenz-Begleitung dazu (s. o.).

Tipp!

Die einfache Kadenz anhand eines Beispielliedes mit Kindern zu erarbeiten, hat den großen Vorteil, dass diese Begleitung auch für andere Lieder „recycelt" werden kann. Ihre Schüler können oft den eigenen Gesang begleiten, was langfristig zu häufigeren Erfolgserlebnissen und Spaß am Begleiten von Liedern führt.

40. BEGLEITEN NACH FINGERSÄTZEN (KLAVIER)

Gibt man Kindern Hilfestellungen, können sie Lieder schnell auf Klavier und Keyboard begleiten. Eine sehr effektive Form stellt das Spielen nach Fingersätzen dar. Ich weise darauf hin, dass in diesem Punkt kein traditioneller Klavier-Fingersatz (Daumen = 1, Zeigefinger = 2 etc.) verwendet wird! Kinder, die Klavierunterricht genießen, spielen natürlich nach dem klassischen Fingersatz!

2–4 Unterrichtsbeispiel: **„I like the flowers"**

I like the flowers | Spielweise: Shuffle | Volkslied aus England | Arr. C. Mann

Die obere Notenzeile ist die Gesangsmelodie (für Klavierspieler oder Sänger), Spiele die zweite Zeile auf deinem Instrument.

Material:

Noten, Tasteninstrumente, stumme Klaviere

Vorbereitung:

Erarbeiten Sie zunächst das Lied „I like the flowers" in G-Dur.

Tipp!

Passt auch zu „Zwei kleine Wölfe", „Zehn kleine Fische" und weiteren Liedern mit der Harmonisierung /G Em Am D/! Viele Lieder finden Sie, indem Sie die Akkorde in Internetsuchmaschinen, wie Google und Youtube, eingeben.

Durchführung:

1. Singen Sie mit den Kindern zunächst als Wiederholung das Lied.
2. Trainieren Sie mit den Kindern anschließend die Vorübung (s. unten) im Sitzkreis.
3. Lassen Sie die Kinder daraufhin den Fingersatz (s. unten) auf den Tasteninstrumenten (stummen Klavieren) üben.
4. Singen und begleiten Sie mit den Kindern das Lied.

Vorübung:

1. Zählen Sie (oder der Beatwächter) den 4/4-Takt mit: „1, 2, 3, 4, 1, 2, 3, 4 …" Patschen Sie dabei abwechselnd mit beiden Händen auf die Zählzeit 1 und 3 auf ihre Oberschenkel. Die rechte Hand beginnt auf „1".
2. Üben Sie mit den Kindern das abwechselnde Patschen auf die Oberschenkel auf die Zählzeiten 1 und 3 im 4/4-Takt, wie in der Abbildung beschrieben.

Zählzeit	1 (2)	3 (4)	1 (2)	3 (4)
Patschen auf Oberschenkel	rechts	links	rechts	links
Tippen mit Fingern	Zeigefinger	Zeigefinger	Mittelfinger	Mittelfinger

3. Die Schüler benutzen, nachdem sie die Zeigefinger einmal auf den rechten Oberschenkel und einmal auf den linken Oberschenkel getippt haben, ihren Mittelfinger, um die Oberschenkel abwechselnd anzutippen.

4. Sprechen Sie dazu wie folgt: „Tippe so: rechts, links, rechts, links, Zeigefinger, Zeigefinger, Mittelfinger, Mittelfinger."
Dabei sprechen Sie rhythmisch die Worte „rechts" und „links" in Vierteln sowie „Zei-ge-fin-ger" und „Mit-tel-fin-ger" als Achtelläufe.

Ausführliche Arbeitsaufträge zum Fingersatz:

1. „Lege den ersten Finger (Zeigefinger) der rechten Hand auf den Grundton „g" und lasse ihn immer dort liegen.
2. Lege den ersten Finger der linken Hand zwei Tasten neben den Grundton auf das „e" und lasse ihn liegen.
3. Die beiden zweiten Finger (Mittelfinger) liegen locker auf den Tasten „a" und „d" neben den ersten Fingern.
4. Spiele so: rechts, links, rechts, links, Zeigefinger, Zeigefinger, Mittelfinger, Mittelfinger!" (s. S. 83)

Zählzeit	1 (2)	3 (4)	1 (2)	3 (4)
Text	I like the	flowers	(,) I like the (Pause)	daffodils,
Fingersatz	1x rZ	1x lZ	1x rM	1x lM
ausgeschrieben	einmal rechter Zeigefinger	einmal linker Zeigefinger	einmal rechter Mittelfinger	einmal linker Mittelfinger

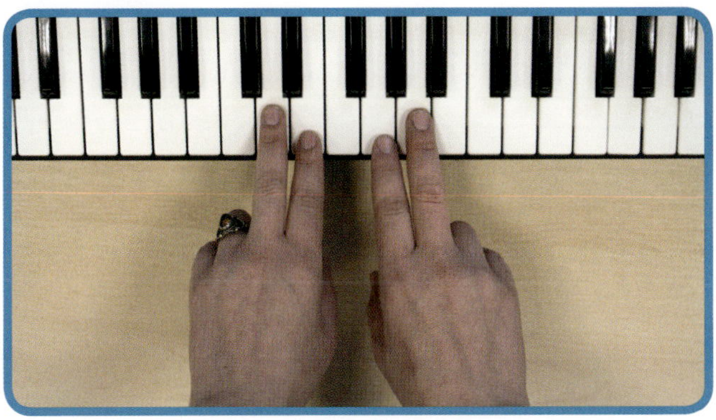

41. SEQUENTISCHES BEGLEITEN

Mit dieser Methode können durch das „Verrücken" eintaktiger Tonverläufe Sequenzen von Grundschülern gespielt werden. Dabei entstehen klanglich attraktive Begleitungen zum gesungenen Lied.

3/4 Unterrichtsbeispiel: **I like the flowers**

Das Lied wird zusätzlich zu den Grundtönen der Akkorde (s. S. 83) von einer Abwärtsbewegung in Vierteln begleitet (Sequenz), welche taktweise um einen Tonleiterton erhöht wird.

Material: Noten (s. Abb.), stummes Klavier, Bleistift

Vorbereitung:
Sie haben mit den Kindern Liedmelodie sowie Text sicher eingeübt und die Begleitung durch Grundtöne der Akkorde ist gesichert.

I like the flowers | Spielweise: Shuffle | Volkslied aus England | Arr. C. Mann

Die obere Notenzeile ist die Gesangsmelodie (für Klavierspieler oder Sänger), Spiele die zweite Zeile auf deinem Instrument.

Durchführung:

1. Geben Sie je ein Exemplar Noten (s. oben) und ein stummes Klavier (s. S. 73) an die Partner (Paar) aus.

2. Formulieren Sie folgenden Arbeitsauftrag: „Sieh dir den Melodieverlauf an. Was fällt dir auf?"

3. Klären Sie mit den Kindern gemeinsam im Klassengespräch, dass …
   – es pro Takt nur Abwärtsbewegungen gibt.
   – die Sequenz (Abwärtsbewegung) immer um einen Tonleiterton höher gerückt wird.
   – im 6. Takt die Sequenz einen Ton tiefer als in Takt 5 beginnt.

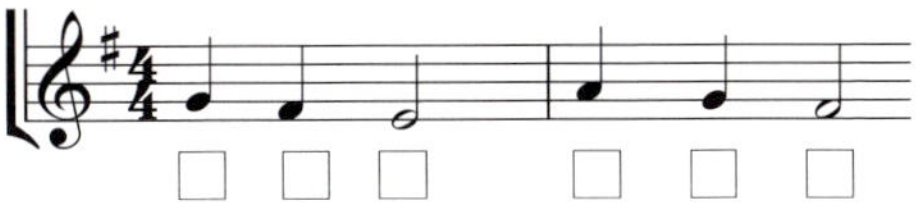

4. Thematisieren Sie kurz mit den Kindern die Eigenschaften des stummen Klaviers oder lassen Sie die Kinder direkt mithilfe des stummen Klaviers die richtigen Tonnamen finden und diese vollständig unter die 2. Notenzeile mit Bleistift eintragen.

5. Überprüfen Sie, ob alle Schüler die Tonnamen richtig identifiziert haben (Lösungsblatt möglich).

6. Einige Partner können nun mit ihren Hilfsmitteln an das Instrument gehen und führen dort folgenden Auftrag aus: „Suche den ersten Ton auf dem Klavier (Keyboard). Lege deinen Mittelfinger darauf und spiele die Melodie mit Mittelfinger, Zeigefinger und Daumen. Suche anschließend den Anfangston der nächsten Takte und beginne wieder, die Melodie mit dem Mittelfinger zu spielen. Nutze die Pausen zum Wechseln der Anfangstöne."

7. Die anderen Kinder üben auf dem stummen Klavier.

8. Nach einer kurzen Übungsphase können Sie die Kinder fragen, ob sie sich trauen, das Lied nun mit dem Klavier zu begleiten. Wählen Sie die Kinder aus, die sich dies zutrauen, oder motivieren Sie sie.

9. Lassen Sie die Kinder nun das Lied singen und begleiten.

10. Achtung! Im Refrain des Liedes ertönt der Fingersatz (s. S. 83) – oder er wird weggelassen und es wird nur gesungen.

11. Spielen und singen Sie das Lied mehrmals und lassen Sie die Kinder die Rollen tauschen.

Tipp!

Auch auf dem Glockenspiel oder der Gitarre ist eine Begleitung des Liedes möglich.

42. KOMPLETTE ARRANGEMENTS FÜR GRUPPENARBEIT

Um einen noch ästhetischeren Klanggenuss beim Begleiten von bekannten Liedern zu erreichen, arrangiere ich für meinen Unterricht gern Klavierbegleitungen für die Hand des Kindes um. Dabei werden zur Begleitung der Melodie gespielte Akkorde in ihre einzelnen Töne zerlegt, die dann von Kindern leicht gespielt werden können. Erst durch das Zusammenspiel der Klasse kann der komplette Akkord erklingen.

1–4

Unterrichtsbeispiel: **Nach dieser Erde**

Material:

Noten (S. 89), Hilfsnoten (S. 90), Klavier, Keyboard, Glockenspiel (auch 3 Glockenspiele möglich), stummes Klavier

Vorbereitung:

Das Lied und der Ton „gis“ wurde sicher erarbeitet, die Kinder haben Erfahrung mit dem stummen Klavier. Bereiten Sie für die Unterrichtsstunde drei Gruppentische mit Instrumenten vor.

Durchführung:

1. Teilen Sie jedem Kind eine Partitur (s. 89) aus.
2. Betonen Sie, dass die 3 Notenzeilen unterschiedlich schwer zu spielen sind. Lassen Sie von den Schülern begründen, was vermutlich die schwerste, mittelschwere und leichteste Begleitung ist. (Antwort: die schwerste ist die oberste [viele verschiedene Töne], mittelschwer die mittlere [viele Töne, aber fast immer dieselben], am leichtesten die untere Zeile [nur 4 Töne in gleicher Reihenfolge])
3. Die Kinder wählen ihren Fertigkeiten entsprechend eine Zeile aus, die sie spielen möchten.
4. Die Kinder finden sich nun an den Gruppentischen der jeweiligen Zeile (1, 2 oder 3) zusammen.
5. Jede Gruppe erarbeitet mithilfe des stummen Klaviers nun die zu spielenden Töne und übt gemeinsam auf dem stummen Klavier.

6. Aus jeder Gruppe kommen anschließend je zwei Schüler an ein Instrument und spielen das Ergebnis der Gruppenarbeit vor. Highlight ist das erstmalige Zusammenspiel aller drei Gruppen mit allen anderen Kindern als Sänger.

Tipp!

Die erste „schwere" Notenzeile kann auch nur gesungen werden, das Begleiten nur mit Zeile zwei und drei klingt auch sehr ansprechend.

Nach dieser Erde (Babylon-Kyrie) | Melodie: Don Mc Lean/Lee Hays | © Benny Bird Company Inc./Music Corporation of America Inc.
Für D/A/CH Universal/MCA Music Publishing GmbH, Berlin | Arr. für Kinder von C. Mann

Hilfsmittel Gruppentisch 1: „Sequenz“

Nach dieser Erde

| Nach dem Original Nach dieser Erde (Babylon-Kyrie) | Melodie: Don Mc Lean/Lee Hays
| © Benny Bird Company Inc./Music Corporation of America Inc.
Für D/A/CH Universal/MCA Music Publishing GmbH, Berlin | Arr. für Kinder von C. Mann

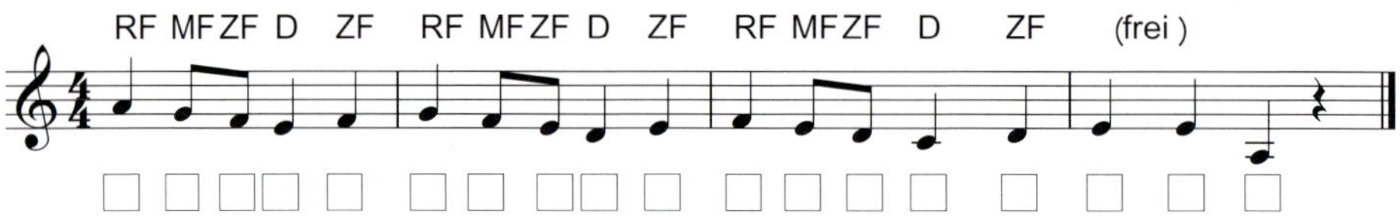

Hilfsmittel Gruppentisch 2: „Achtel“

Nach dieser Erde

| Nach dem Original Nach dieser Erde (Babylon-Kyrie) | Melodie: Don Mc Lean/Lee Hays
| © Benny Bird Company Inc./Music Corporation of America Inc.
Für D/A/CH Universal/MCA Music Publishing GmbH, Berlin | Arr. für Kinder von C. Mann

Hilfsmittel Gruppentisch 3: „Immer eins nach unten“

Nach dieser Erde

| Nach dem Original Nach dieser Erde (Babylon-Kyrie) | Melodie: Don Mc Lean/Lee Hays
| © Benny Bird Company Inc./Music Corporation of America Inc.
Für D/A/CH Universal/MCA Music Publishing GmbH, Berlin | Arr. für Kinder von C. Mann

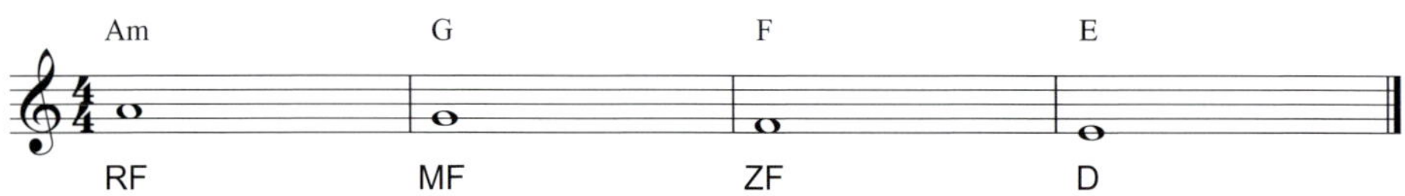

MUSIK MIT DER STIMME ERFAHREN

Dieses Kapitel ist angelehnt an die Tonika-Do-Lehre von Agnes Hundoegger sowie an die darauf aufbauende ungarische Kodály-Methode, benannt nach dem Komponisten und Musikwissenschaftler Zoltán Kodály. Die Methode geht vom Begreifen musikalischer Sachverhalte durch das bewusste Singen und damit Kennen von Intervallen und Tonverläufen aus. Diese Fähigkeit wiederum kann nur erlernt werden, wenn von Anfang an Tonverläufe bewusst gemacht und Kinder befähigt werden, Tonfolgen singend darzustellen und wiederzuerkennen. Auch wenn Sie die relative Solmisation nicht verwenden möchten, ist es dennoch sehr wichtig, die Reihenfolge der zu übenden Intervalle einzuhalten! Um beim bewussten Singen von Melodien der kindlichen Physiologie sowie der Stimmhygiene gerecht zu werden, beinhaltet dieses Kapitel Vorschläge und Anregungen für …

- kindgerechte Erwärmungen und Stimmpflege,
- Atmung und Beatboxing,
- Intonation und Verbesserung des Klassengesangs,
- die relative Solmisation und
- das Erarbeiten und Verbessern von Zweistimmigkeit.

43. HALTUNG BEIM STEHEN

Damit Singen „mit dem ganzen Körper" funktioniert, muss zunächst ein sicherer, aufrechter Stand oder eine aufrechte und dabei gleichsam lockere Sitzhaltung eingenommen werden.

1–4 Unterrichtsbeispiel: **Fester, aufrechter Stand**

Material: —

Vorbereitung: —

Durchführung:

1. Die Kinder dürfen sich zunächst im Raum zu Musik bewegen. Alternativ können Sie mit den Kindern kleine Bewegungsübungen im Stehkreis durchführen. Geeignete Übungen sind das Ausschütteln der Gliedmaßen nach kurzer körperlicher Betätigung, wie dem Pflücken von Äpfeln etc.
2. Die Schüler stehen anschließend locker im Kreis oder am Platz, jeder hat genügend Freiraum, um seine Arme und Beine locker pendeln zu lassen.
3. Weisen Sie die Kinder an, die Füße schulterbreit fest auf den Boden zu stellen.
4. Sagen Sie den Kindern: „Stelle dir vor, du wärst eine Marionette. Dein Marionettenspieler lässt den Strick deiner Arme und deines Kopfes los, sodass deine Arme und dein Kopf komplett schlaff an dir herunterhängen. Dein Kinn liegt locker auf deinem Brustbein. Der Marionettenspieler zieht dich an der Schnur, die an deinen Haaren, in der Mitte deines Kopfes befestigt ist, nach oben, bis du auf den Zehenspitzen stehst.
   Achtung, nun wirst du sanft auf die schulterbreit stehenden Füße „heruntergelassen", während dein Kopf weiterhin am imaginären Faden hängt."
   (Ziel: schulterbreiter, fester Stand, gestreckte Wirbelsäule, gerader Hals, locker herunterhängende Schultern)

44. HALTUNG BEIM SITZEN

Um das Singen „mit dem ganzen Körper" zu ermöglichen, muss zunächst eine aufrechte und dabei gleichsam lockere Sitzhaltung eingenommen werden, bei der die wichtigen Organe und Resonanzräume optimal genutzt werden können. Hierzu muss die Wirbelsäule der eines Singens im Stehen möglichst ähnlich sein. Daher ist ein fester Stand der Füße, ein gerader Rücken sowie ein lockeres Sitzen des Kopfes auf der Wirbelsäule (nicht verspannt durchgestreckt!) notwendig.

1–4

Unterrichtsbeispiel: **Singen im Sitzen**

Material: —

Vorbereitung: —

Durchführung:

1. Lassen Sie die Kinder am Platz, in einem Kreis oder Halbkreis ihre Stühle so aufstellen, dass jedes Kind nach vorn und zur Seite genug Platz hat, um die Knie anzuwinkeln und die Arme pendeln zu lassen.
2. Alle Lernenden rutschen nun auf das vordere Drittel des Stuhls, ohne dass sie von ihm herunterrutschen.
3. Die Füße stehen schulterbreit fest auf dem Boden. Idealerweise sollten die Unter- und Oberschenkel am Knie einen rechten Winkel bilden, hier sollten Sie die Stuhlgröße beachten.
4. Sagen Sie den Kindern: „Stelle dir vor, du wärst eine Marionette. Dein Marionettenspieler lässt den Strick deiner Arme und deines Kopfes los. Arme und Kopf hängen komplett schlaff an dir herunter. Dein Kinn liegt locker auf deinem Brustbein. Der Marionettenspieler zieht dich an der Schnur, die an deinen Haaren, in der Mitte deines Kopfes befestigt ist, so weit nach oben, bis du beinahe den Kontakt zum Stuhl verlierst. Achtung! Der Marionettenspieler lässt dich locker und gerade auf deinem Stuhl sitzen und hält dabei deinen Kopf an der Schnur fest."

45. LOCKERUNG DES KÖRPERS

Für das „richtige Singen" ist die Lockerung des gesamten Körpers sehr wichtig, da diese positive Auswirkung auf den sicheren Stand der Füße, die Aktivierung des Zwerchfells und der Gesichtsmuskeln hat, welche den Klang der Stimme mitbedingen.

1–4 Unterrichtsbeispiel: **Abbau von Verspannungen**

Untermalt von sanften Naturklängen oder anderer Entspannungsmusik, schlage ich folgende Übungen vor, die sehr bewusst, langsam, leise und ernsthaft durchgeführt werden müssen.

Material: CD mit ruhiger Entspannungsmusik

Vorbereitung: —

Mögliche Übungen:

a) **Lockerung der Beine:** Beine kurz ausschütteln, auf hüftbreite Fußstellung achten, Knie nicht durchdrücken und kurz in den Knien federn.

b) **Lockerung der Schultern:** Aufrecht stehen oder sitzen, kreisende Bewegungen nach vorn und nach hinten. Anspannung und Entspannung bewusst fühlen: Schultern „an die Ohren" ziehen und halten. Danach fallen lassen und mit geschlossenen Augen auf das entspannte Gefühl konzentrieren. Diese Übung mehrmals wiederholen.

c) **Lockerung des Nackens:** Kinn entspannt auf die Brust sinken lassen, anschließend den Kopf wieder nach oben nehmen und „einen langen Hals" machen. Abschließend den Kopf langsam und entspannt in den Nacken legen. Dabei sollte sich der Mund automatisch leicht öffnen. Kopf langsam(!) nach links drehen, nach rechts drehen, danach sanft nicken.

d) **Lockerung der Gesichtsmuskeln:** Nacheinander verschiedene Grimassen ziehen, anspannen, danach locker lassen und kurz der Entspannung nachfühlen, z. B.: sich ekeln (iih!), überrascht schauen (oh!), Augenbrauen hochziehen, nur mit Wangenmuskeln übertrieben lächeln. Wohltuend und genussvoll das Gesicht massieren.

46. LOCKERUNG DER SPRECHORGANE

Damit die beim Singen erzeugten Schallwellen nach Belieben geformt und damit Klangfarben erzeugt werden können, müssen die Artikulationsorgane aktiviert werden. Diese Übungen sind auch für Vielsprecher, wie Lehrer, eine Möglichkeit, ihre Stimme gesund zu halten.

1–4

Unterrichtsbeispiele: **Lippen, Zunge, Kiefer bewusst bewegen**

Material: —

Vorbereitung: —

Mögliche Übungen:

a) **Kaugummi kauen:** geräuschvolle (mhhh, jamm …) Kaubewegungen nachahmen.
b) **Schokolade von den Zähnen lecken:** Lippen sind geschlossen, Zunge streicht an den Zähnen (Sichtfläche) von einem Backenzahn über die Schneidezähne zum anderen Backenzahn.
c) **Auto spielen:** Lippen locker schließen und leicht nach vorn schieben, geräuschvoll Luft hindurchpusten: „brrrrrrrr", wie ein Kind, das „Auto" spielt.
d) **Bienen summen:** lautes und leises Untermalen eines heranfliegenden Insekts durch ein stimmhaftes „sss". Der eigene Zeigefinger stellt das Insekt dar. Immer wenn es weit weg ist, summt es stimmhaft leise, kommt das Insekt näher, wird das Summen lauter (bis sehr laut).
e) Die Silbe **„bann"** immer schneller, aber genau sprechen.
f) **„Li-la"** als kleine Terz („Ku-ckuck") (s. S. 108) abwärts singen (5-3 oder so-mi), immer schneller werden.
g) Dong-deng-ding- dang-dong als **Dreiklang** auf- und abwärts singen (s. S. 119).

Hinweis

Natürlich gibt es viele weitere lustige und motivierende Lockerungsübungen. Empfehlen würde ich Ihnen daher gern das Buch von Andreas Mohr (s. Medientipps S. 160).

47. AKTIVIERUNG DER ZWERCHFELLATMUNG

Die Lunge ist kein eigenständiger Muskel, sondern ein passives Organ, welches uns mit Sauerstoff versorgt. Das Zwerchfell ist der aktive Part beim Atmen. Für Kinder spricht man üblicherweise auch von der „Bauchatmung". Das bewusste Ein- und Ausatmen „in den Bauch", ohne in die angespannte „Hochatmung" (Brustatmung) zu fallen, muss von den Kindern zum Teil intensiv geübt werden. Viele Kinder und Erwachsene sind sich über die zwei verschiedenen Atemtypen oft nicht einmal im Klaren.

1–4

Unterrichtsbeispiel: **Übungsformen zum Bewusstmachen der „Bauchatmung"**

Material: —

Vorbereitung: —

Durchführung:

1. Lassen Sie alle Kinder die Bauchatmung erleben, indem sie sich auf den Rücken legen und bewusst in den Bauch atmen sollen, während eine Hand flach auf dem Bauch und die andere an den seitlichen Rippen aufliegt. Oft spüren Kinder erst nach mehreren Atemzügen die einströmende Luft. Leiten Sie die Kinder an, tief auszuatmen, den Atem kurz anzuhalten und die Luft ganz leicht einströmen zu lassen.
2. Im Stehen wird diese gemachte Erfahrung übertragen. Dabei sollte auf die korrekte Haltung beim Singen geachtet werden (s. S. 93).
3. Leiten Sie die Kinder durch folgende Vorstellung an: „In deinem Bauch ist ein Luftballon, der beim Einatmen aufgeblasen wird. Deine Schultern bleiben entspannt hängen." Zeigen Sie, wie Ihr Bauch beim Einatmen dick wird und wie Ihre Bauchdecke flach wird, wenn sie eine imaginäre Kerze geräuschvoll ausblasen. Üben Sie mit den Kindern das „Ausblasen" von Kerzen. Der Daumen der Faust wird ca. 10 cm vom Mund entfernt hochgehalten. Es wird „in den Bauch" geatmet, um stoßartig „die Kerze" (Daumen) auszublasen. Die Kerze gilt nur als ausgeblasen, wenn am Daumen ein sehr dünner, starker Luftstrom zu spüren war.

48. BEATBOXING ALS FORM DER STIMMBILDUNG

Die Kinder lernen, ohne Instrumente aus dem Stegreif attraktive Rhythmen zu erzeugen und dabei mit viel Freude die Zwerchfellatmung zu trainieren. Dabei erwärmen die Lernenden zudem den Sprechapparat und aktivieren ihre Atmung.

2–4

1. Unterrichtsbeispiel: **Anleitung zum Beatboxing**

Anknüpfend an eine Atemübung können Explosivlaute so aneinandergereiht werden, dass authentische Rhythmen des Hip-Hop- oder Rap-Genres entstehen. Meiner Erfahrung nach schlüpfen vor allem die Jungen hierbei gern in die Rolle eines Hip-Hop-Stars und ahmen stereotypische Handbewegungen beim Produzieren der Rhythmen nach.

Beat-Generator

Material: —

Vorbereitung:
Wählen Sie eine zu lernende Beatbox aus und üben Sie den dazugehörigen Merktext.
Die Schüler sollten bereits ihre Atmung durch eine Einsingeübung aktiviert haben.

Durchführung:

1. Klatschen Sie ein Metrum vor und sprechen Sie dazu rhythmisch:
„Wir sprechen gleich den Hip-Hop-Beat. Ich sprech vor, ihr sprecht nach und jetzt geht's los!"

2. Sprechen Sie mit den Kindern den „Beat-Generator". Dabei können Sie den letzten Takt beliebig oft mit den Kindern gemeinsam wiederholen.

2–4

2. Unterrichtsbeispiel: **Merksätze zum Beatboxing**

Material: —

Vorbereitung:
Wählen Sie eine zu lernende Beatbox aus und üben Sie den dazugehörigen Merktext.
Die Schüler sollten bereits ihre Atmung durch eine Einsingeübung aktiviert haben.

Durchführung:

1. Eröffnen Sie diese Unterrichtssequenz im Stehkreis.
2. Motivieren Sie die Kinder, indem Sie ihnen sagen, dass sie heute Beatboxing lernen werden. (Genre Rap, Hip-Hop)
3. Erklären Sie, dass für das Erlernen von Rhythmuspatterns („Beats") eine Vorübung in Form eines Merktextes sinnvoll ist. Sprechen Sie den Merktext vor und machen Sie dabei durch Wippen mit dem ganzen Körper das Metrum sichtbar.

Merksatz Beatbox Version A

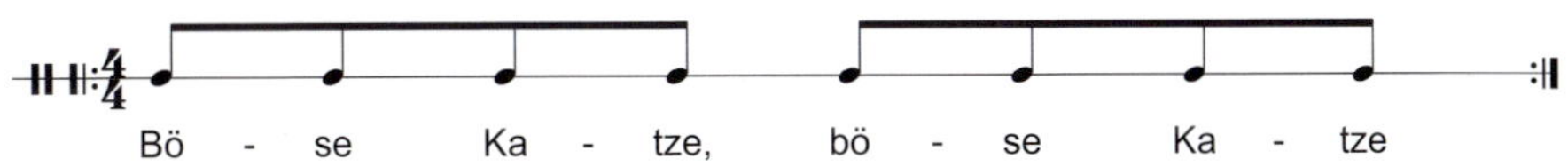

Merksatz Beatbox Version B

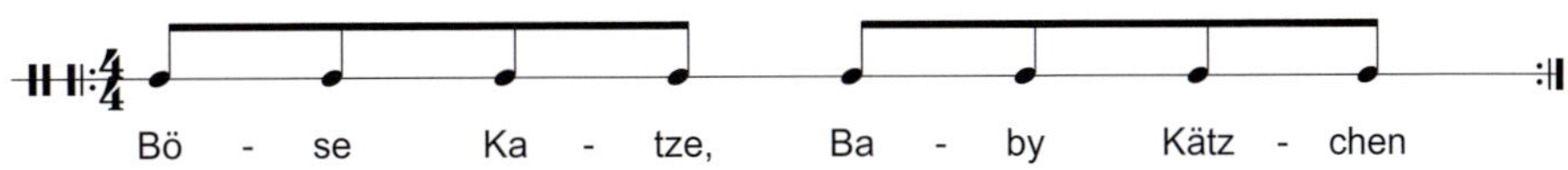

4. Animieren Sie die Schüler, den Merktext mitzusprechen, falls sie dies nicht bereits tun. Sprechen Sie mit den Kindern den Text rhythmisch korrekt immer wieder von vorn (ohne Pause). Achten Sie darauf, dass auch die Lernenden das Metrum mit dem ganzen Körper darstellen.
5. Erinnern Sie die Kinder daran, wann geatmet werden muss. Beim Sprechen wird der Bauch flach und beim Einatmen zwischen „-tze" und dem nächsten „bö-" wird impulsiv in den Bauch eingeatmet.

6. Im nächsten Schritt reduzieren Sie als musikalischer Leiter die Vokale. Beim gemeinsamen Sprechen wird aus „bö-se-ka-tze“ das vokallose und dadurch perkussive „b-s-k-tz“.
7. Die Schüler imitieren die Reduktion auf die perkussiven Konsonanten und erleben die erste Beatbox gemeinsam mit der ganzen Klasse.
8. Probieren Sie in der nächsten Stunde eine andere Version aus! Präsentieren Sie immer zuerst den Merksatz und reduzieren Sie diesen auf seine Konsonanten, sobald er sicher ist.

Beatbox Version A

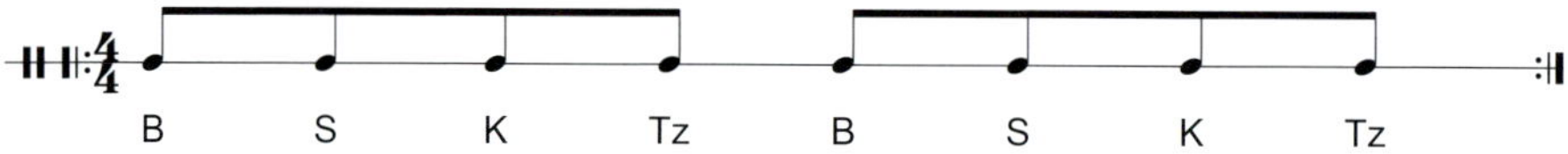

Beatbox Version B

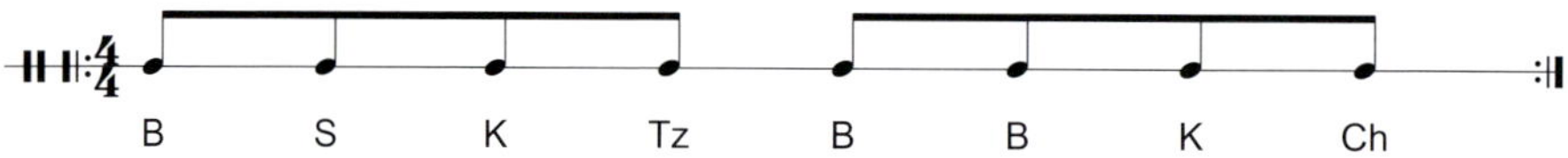

Tipp!

Verbinden Sie Klassik und Moderne! Lassen Sie Beethovens „Ode an die Freude“ (4. Satz der 9. Sinfonie Op.125) von einem Teil der Klasse mit der Beatbox begleiten!

2–4 3. Unterrichtsbeispiel: **Weitere Beatboxing-Rhythmen**

„Miezekatze“ | Beatbox Version C

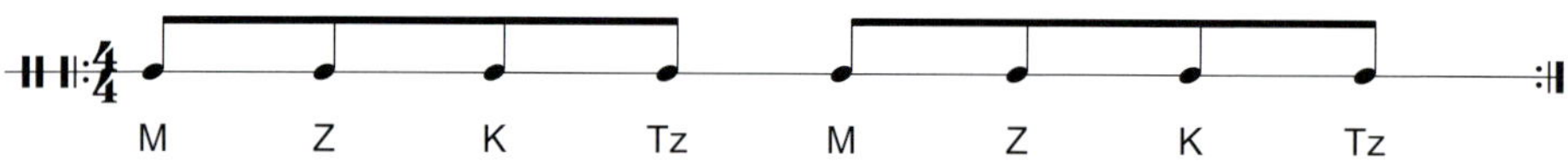

„House“ | Beatbox Version D

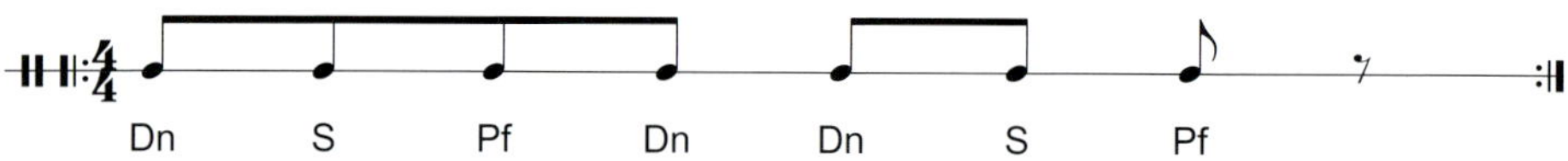

„Rap“ | Beatbox Version E

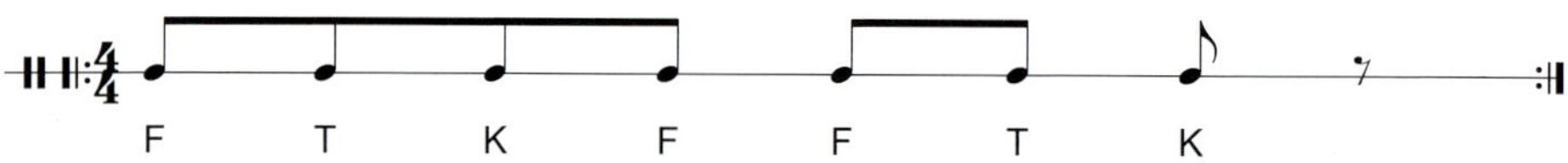

„Elektro" | Beatbox Version F

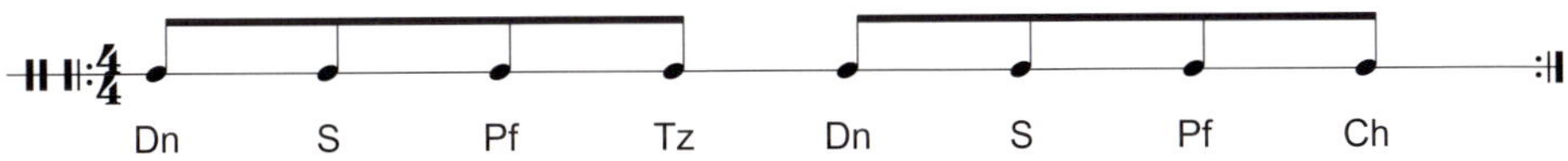

Die Schüler können aber auch weitere Rhythmen mit der eigenen Stimme erzeugen, die jeweils verschiedene Schlagzeug-Patterns darstellen:

Tätigkeit mit dem Mund	Klangimitation
T-Laut artikulieren	HiHat geschlossen
Z-Laut oder **S**-Laut	HiHat halb offen
Tsch-Laut artikulieren	HiHat offen bzw. Becken
Pf-Laut oder **K**-Laut	Snaredrum (kleine Trommel)
Prrr-Zungen-R	Snarefill (kurzer Trommelwirbel)
Dn-, Dm-Laut, auch stimmhafter **F**-Laut mit Glottisschlag (Kick) oder **M**-Laut (hartes M mit Glottisschlag bei geschlossenem Mund) sowie **P**- oder **B**-Laut	Basedrum, Kick
Mundstellung wie bei **‚Chi'**, ch-Laut: Einatmen(!), Vokale nicht hörbar. Möglichkeit zum Luftholen bei gleichzeitiger Klangerzeugung	Revers Cymbal (rückwärts abgespielter Beckenschlag)

49. STIMMÜBUNG FÜR DIE RESONANZRÄUME

Ist die Atmung aktiviert und bewusst gemacht worden (s. S. 97) und der Körper in einer gesunden Haltung beim Singen (s. S. 93/94), werden die Resonanzräume im kindlichen Körper spielerisch geweitet, um Töne klarer zu formen und die Stimmhygiene zu gewährleisten.

1–4

Unterrichtsbeispiel: **Resonanzräume des Körpers weiten**

Material: —

Vorbereitung:
Wählen Sie ein paar Übungen aus und üben Sie diese kurz selbst.

Mögliche Übungen:

1. Strecken und laut gähnen: möglichst bis der „echte" Gähnreflex einsetzt.
2. Beim Gähnen, z. B. „momomom" von hohen zu tiefen Tönen, „brabbeln".
3. Wo kribbelt's? Leise Konsonanten summen und dabei mit dem Finger zeigen, wo ein Kribbeln gespürt wird (werden soll): „www" – in der Unterlippe, „mmm" – an den Schneidezähnen und Lippen, „nnn" – im Nasenbereich, „ng" – „hinter der Nase" sowie am Gaumensegel
   Hinweis: Die Lippen sollten beim Summen nur ganz leicht aufeinanderliegen. Wird der Mund mit Anspannung geschlossen, können keine Vibrationen erzeugt und gespürt werden.
4. Vokale formen: Von dunkel nach hell stumm mit dem Mund „u-o-a-e-i" formen, dabei Lippen und Kiefer bewusst bewegen und formen.
5. Vokale auf einem Ton singen: Vokale „o-u-a-e-i" nacheinander auf einem Ton singen. Dabei sollte darauf geachtet werden, die offene Mundstellung möglichst wenig zu ändern und so einen Vokal in den nächsten fließen zu lassen.
6. Vokale auf eine abfallende Melodie singen: Um Glottisschläge zu vermeiden, sollte ein sanftes „j" vor den Vokalen artikuliert werden.

50. STIMMÜBUNGEN ZUM STIMMUMFANG

Beachten Sie hier vor allem, dass Ihre Schüler sehr hohe Töne erzeugen sollten, um aus der normalen Sprechstimme (Bruststimme) in die Gesangsstimme (Kopfstimme) zu gelangen! Der Übergang zwischen der Kopf- und der Bruststimme sollte möglichst sanft, ohne hörbaren Wechsel dieser beiden Register oder gar Knacklaut in der Stimme erfolgen.

1–4

Unterrichtsbeispiel: **Den eigenen Stimmumfang ausloten**

Material: —

Vorbereitung:
Wählen Sie ein paar Übungen aus und üben Sie diese kurz selbst.

Mögliche Übungen:

a) **Die Sirene:** sehr leise (Feuerwehr ist weit weg) und hoch (e' und höher) eine Quarte abwärts singen (Feuerwehr), dabei beachten, dass die Kinder nicht mit der Bruststimme singen.

b) **Achterbahn fahren:** Die Lernenden beginnen auf „oh", in einer angenehmen Stimmlage „loszufahren". Dabei zeigen die nach vorn gestreckten Arme des musikalischen Leiters (ggf. Kind) eine ebene Streckenführung. Sobald die Arme des Leiters nach oben deuten, befährt die Achterbahn einen Anstieg und die Sänger singen das „oh" höher (Glissando). Die Fahrt muss rasant gehen, da sonst der Atem der Kinder kaum ausreicht.

c) **Fallschirmsprung:** imaginäre Schutzbrille aufsetzen, in den Knien leicht federn. Auf ein Handzeichen wird eingeatmet und musikalisch „aus dem Flugzeug gesprungen". Dabei stehen die Lernenden in der richtigen Singhaltung (s. S. 93) und singen auf „huh" zart(!) von ihrem höchstmöglichen Ton bis zu dem tiefstmöglichen Ton.

Hinweis

Erinnern Sie die Sänger gegebenenfalls vor und nach diesen Übungen an die korrekte Gesangshaltung.

51. STIMMÜBUNGEN ZUR INTONATION

Beginnen Sie schrittweise, bei den Stimmübungen Intervalle zu festigen. Nutzen Sie dabei die didaktische Route der relativen Solmisation (s. S. 105 ff.), auch wenn Sie diese selbst im Unterricht nicht verwenden! Präsentieren Sie neue Tonabstände, die sich auf Passagen des anschließend zu singenden Liedes beziehen.

2–4 Unterrichtsbeispiele: **Intonationsübungen**

Material: —

Vorbereitung:
Wählen Sie ein paar Übungen aus und üben Sie diese kurz selbst.

Mögliche Übungen:

Hinweis: Der musikalische Leiter singt zunächst die Übung vor, der Chor wiederholt diese exakt. Sollten Sie Probleme bei der jeweiligen Übung bemerken, wird diese wiederholt, bevor eine nächste angeschlossen wird.

a) Zunächst werden bekannte Intervalle wiederholt und chromatisch erhöht. Dabei auf „Niom", „Nu", „Ja" „Jä" oder andere Silben gebunden singen.

b) Singen Sie Dur-Dreiklänge auf und abwärts. Wiederholen Sie den Dreiklang jeweils einen Halbton tiefer.

c) Präsentieren Sie schwierige Melodiepassagen des Stundenliedes auf einen fiktiven Text oder eine Silbenfolge („no-no-no").

52. DIE RELATIVE SOLMISATION

Die relative Solmisation geht auf Guido von Arezzo (Ende des 10./Anfang des 11. Jh.) zurück. Sie ist eine Hilfe, die Funktion von notierten Tönen und damit deren relative Höhe zum Grundton (Tonabstand = Intervall) durch das Zuordnen von Solmisationssilben zu erkennen.

Hinweis

Beachten Sie den Unterschied zwischen absoluter und relativer Solmisation. Bei der absoluten Solmisation dienen die Solmisationszeichen als Ersatz für feste Tonleiternamen, wie es etwa in Italien üblich ist. Die relative Solmisation beschreibt, ähnlich wie die Stufentheorie, die Abstände zu einem beliebigen Grundton. Melodien können in jeder Tonart mithilfe derselben Solmisationszeichen gesungen werden.

Grundsätzliches

Sinn ist das bewusste(!) Singen von Tonfolgen zum Verbessern der Intonation des Klassengesangs. Das bedeutet nicht, dass ausschließlich Lieder gesungen werden dürfen, die bereits erarbeitete Intervalle beinhalten! Vielmehr werden bestimmte Intervalle schrittweise erarbeitet, um Kinder zu befähigen, diese bewusst und somit korrekt in bereits bekannten oder auch neuen Liedern zu singen. Die Schüler versuchen also nicht, „ungefähr" Ihre vorgegebene Melodie mit- oder nachzusingen, sondern wissen, welcher Ton(-abstand) als Nächstes erklingen muss.

Dadurch wird ein sicheres und somit klangschönes Singen innerhalb der Klasse trainiert. Grundsätzlich ist die relative Notation auch ohne Noten möglich, da eigene Handzeichen für die jeweiligen Tonhöhen entwickelt wurden. Wichtig ist, dass die erarbeiteten Intervalle und Tonräume nach einer festgelegten Reihenfolge thematisiert werden, wie es auch Agnes Hundoegger und Zoltán Kodály beschrieben haben.

Die relative Zuordnung zum Grundton entspricht in der Dur-Tonleiter **immer** der folgenden Tabelle:

Solmisiert	do	re	mi	fa	so	la	ti	do'
Stufen der Tonleiter	1	2	3	4	5	6	7	8
Intervalle Grundton	reine Prime	große Sekunde	große Terz	reine Quarte	reine Quinte	große Sexte	große Septe	reine Oktave
Tonschritt	Ganzton	Ganzton	Halbton	Ganzton	Ganzton	Ganzton	Halbton	

Beispiel 1: **Zuordnung in C-Dur**

Solmisiert	do	re	mi	fa	so	la	ti	do'
In C-Dur	c	d	e	f	g	a	h	c
Stufen der Tonleiter	1	2	3	4	5	6	7	8
Intervalle Grundton	reine Prime	große Sekunde	große Terz	reine Quarte	reine Quinte	große Sexte	große Septe	reine Oktave

Beispiel 2: **Zuordnung in D-Dur**

Solmisiert	do	re	mi	fa	so	la	ti	do'
In C-Dur	d	e	fis	g	a	h	cis'	d'
Stufen der Tonleiter	1	2	3	4	5	6	7	8
Intervalle Grundton	reine Prime	große Sekunde	große Terz	reine Quarte	reine Quinte	große Sexte	große Septe	reine Oktave

53. DIE HANDZEICHEN DER RELATIVEN SOLMISATION

Der Engländer John Spence Curwen entwickelte 1841 Handzeichen für die relative Solmisation, welche Agnes Hundoegger für ihre Tonika-Do-Methode übernahm.

Handzeichen

Um melodische Verläufe auch ohne traditionelle Notation zu verdeutlichen, dienen die folgenden Handzeichen dem Sichtbarmachen der zu singenden Melodien. Selbstverständlich sollten Töne, Notenbild, Solmisationssilben sowie deren Handzeichen verknüpft werden.

Stufe	Solmisations-silbe	Hand-zeichen	Stufe	Solmisations-silbe	Hand-zeichen
1	do 		5	so 	
2	re 		6	la 	
3	mi 		7	ti 	
4	fa 		8	do 	

54. BEWUSSTMACHEN GESUNGENER INTERVALLE

Mithilfe der relativen Solmisation können Sie das Gehör und Bewusstsein für Intervalle (Tonabstände) ihrer Lernenden so weit schulen, dass ein bewusstes und somit korrektes Singen von Melodien möglich ist. Nutzen Sie etwas mehr als fünf Minuten für die Stimmbildung. Dies führt zu einem klangschönen, intonationsreinen und gesunden Klassengesang.

1–4

1. Unterrichtsbeispiel: **Die kleine Terz** (so-mi bzw. 5-3)

Auch wenn Sie die relative Solmisation nicht verwenden möchten, ist es dennoch sehr wichtig, die Reihenfolge der zu übenden Intervalle einzuhalten! Die Übungen sind methodisch aufgebaut und der Sprachmelodie der Kinder angepasst. Die notierten Lieder spiegeln die jeweiligen Tonbeziehungen wider.

Material: —

Vorbereitung:
Singen Sie sich mit den Kindern kurz ein.

Mögliche Übungen:

1. Kern der relativen Solmisation ist der Tonraum so-mi (5-3 oder Quinte-Terz) aus dem Dur-Dreiklangsmotiv. Zunächst wird dieses Intervall den Kindern als Rufterz (Kuckucksterz) zusammen mit den oben genannten Handzeichen und dem entsprechenden Notenbild präsentiert und vorgesungen. Verdeutlichen Sie die Terz im Notenbild in F-Dur: Liegt „so“ in einem Zwischenraum, erklingt im Zwischenraum darunter „mi“. „So-mi“ entspricht hier c-a, also einer kleinen Terz. Wenn „so“ wie in G-Dur auf einer Notenlinie liegt, erklingt auf der darunterliegenden Linie ein „mi“. Auch hier ist die kleine Terz „d-h“ zu erkennen („Kuckuck“-Anfangsmotiv des bekannten Volksliedes).

   Das bedeutet:

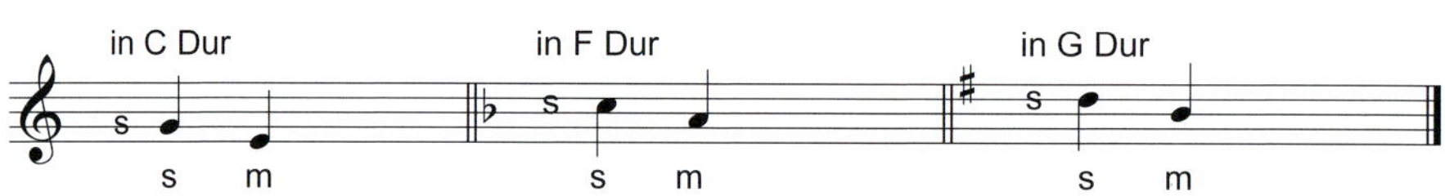

2. Zur Einübung der Terz eignet sich folgendes Sing-Spiel:

Tonkreis s-m | Text und Musik: C. Mann

Tipp!

Dieses Spiel bietet sich zu Beginn eines Schuljahres an, wenn durch Jahrgangsmischung neue Lerngruppen entstehen oder Schulanfänger ihre ersten Musikstunden erleben.

3. Singen Sie zudem ein Lied für den Tonraum so-mi.

Hallo, wie geht's dir? | Tonkreis s-m | Text und Musik: C. Mann

4. Übung „Das lebende Klavier“ nach Malte Heygster und Manfred Grunenberg (s. Medientipps S. 160): Zwei unterschiedlich große Kinder stehen nebeneinander. Aus Sicht der anderen Kinder steht das größere Kind rechts und gibt sich durch das entsprechende Handzeichen als „so“ zu erkennen. Links steht das kleinere Kind und gibt sich durch Handzeichen als „mi“ zu erkennen. Ein musikalischer Leiter improvisiert auf dem lebenden Klavier eine Melodie oder spielt eine bekannte vor. Dabei tippt er die entsprechende „Taste“ an, diese geht dabei leicht in die Knie. Die anderen Kinder singen den richtigen Ton auf die entsprechende Silbe.

5. Vertiefung: Bei der Arbeit am Notenbild sollten Sie zunächst prüfen, ob bereits ein Schüler die reine Notation mit den entsprechenden Solmisationszeichen versehen oder gar singen kann (Solmisation ist noch abgedeckt). Gehen Sie für alle Schüler schrittweise vor: Notation solmisieren, Zeichen dazu zeigen und abschließend die Melodie auf Solmisation singen, z. B.: Tonkreis s–m

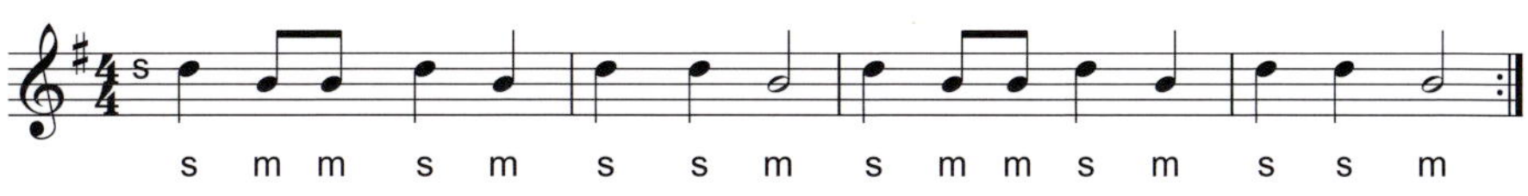

1–4 2. Unterrichtsbeispiel: **Intervall-Übungen: la-so-mi** (oder 6-5-3)

Material: ggf. Noten

Vorbereitung:
Singen Sie sich mit den Kindern kurz ein.

Mögliche Übungen:

1. **Pendel- oder Leiermelodik** – **la**-so-mi (oder **6**-5-3)
Auch diese Tonschritte sind der Sprechmelodie von Kindern eigen. Daher fällt es nicht schwer, die Rufterz um die 6. Stufe zu erweitern.

Vergewissern Sie sich, dass Ihre Schüler den Handzeichen die korrekten Töne zuordnen können, bevor Sie die nächste Übung beginnen. Ich empfehle, das Lied „Backe, backe Kuchen …" (so-so-la-la-so-mi) als Rätsel für das lebende Klavier zu verpacken: Sie tippen auf die „Tasten" und die Lernenden singen darauf die Solmisationssilben. Wer erkennt das Lied?
Ein weiteres, schwungvolles Lied präsentiere ich zunächst auf der Gitarre. Dabei singe ich das Lied mit viel Freude vor und erarbeite im Anschluss anhand des Notenbildes und der Handzeichen die Melodie. Der Text könnte einer fiktiven südamerikanischen Sprache entstammen, stellt aber auch gleichzeitig die Solmisationssilben dar.

2. Lied für den Tonraum la-so-mi (6-5-3):
So-mi, so la-la! | Tonkreis l–s–m | Text und Musik: C. Mann

Üben und vertiefen Sie wie im ersten Schritt auch diesen Tonraum!

1–4 3. Unterrichtsbeispiel: **Intervall-Übungen: la-so-mi-do** (oder 6-5-3-**1**)

Material: ggf. Noten

Vorbereitung:
Singen Sie sich mit den Kindern kurz ein.

Mögliche Übungen:

1. **Der Grundton: Tonraum** – la-so-mi-**do**- (oder 6-5-3-**1**)
   Haben Ihre Schüler die schwebende Leiermelodik verinnerlicht, ist es an der Zeit, den Grundton zu präsentieren.

2. Lied für den Tonraum la-so-mi-do (6-5-3-1):
   Laterne, Laterne, Sonne, Mond und Sterne
   | Tonkreis l-s-m-d | Volklied aus Hamburg

3. Lied für den Tonraum l-s-m-d (6-5-3-1)
   Ding dang dong klingt's an der Tür | Text und Musik: C. Mann

1–4 4. Unterrichtsbeispiel: **Intervall-Übungen: Der Fünftonraum so-fa-mi-re-do** (oder 5-4-3-2-1)

Der Fünftonraum wird über die relative Solminisation vervollständigt, indem zunächst die 2. Stufe und die 4. Stufe eingeübt wird.

Material: ggf. Noten

Vorbereitung:
Singen Sie sich mit den Kindern kurz ein.

Mögliche Übungen:

a) Die 2. Stufe (Sekunde) so-mi-re-do (oder 5-3-2-1)

Erweitern Sie zunächst den Tonraum so-mi-do um „re" (2. Stufe der Tonleiter), indem Sie alles in Verbindung setzen. Beispielsweise mit einem Ausschnitt der folgenden Lieder.

Beispiel 1:

Aus: Ein Vogel wollte Hochzeit machen | Volkslied

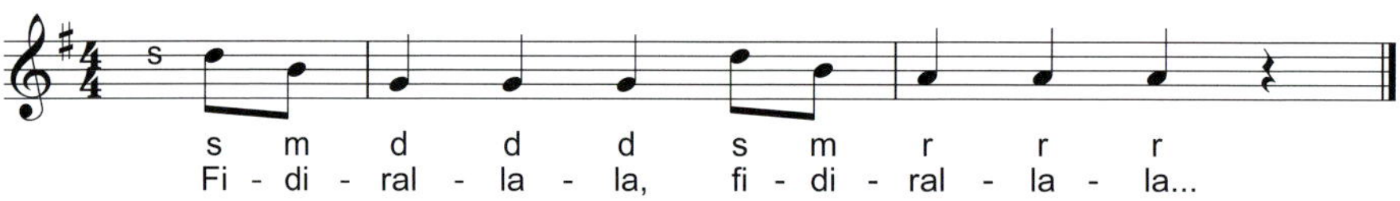

Beispiel 2:

Aus: Kuckuck ruft's aus dem Wald | Text: Heinrich Hoffmann von Fallersleben | Volklied aus Österreich

b) Die vierte Stufe (Quarte) so-fa-mi-re-do (oder 5-4-3-2-1)

Die letzte Stufe innerhalb des Fünftonraums sollte über Lieder präsentiert werden.
Hier einige Beispiele mit Aufwärts- und Abwärtsbewegungen der Melodie:

Beispiel 1: Aufwärts Melodie

Aus: Alle meine Entchen | Text: Gustav Eskuche | trad. Kinderlied

Beispiel 2: Abwärts Melodie

Aus: Hopp, hopp, hopp, Pferdchen lauf Galopp | Text: Karl Gottlieb Hering |
Musik: Karl Hahn

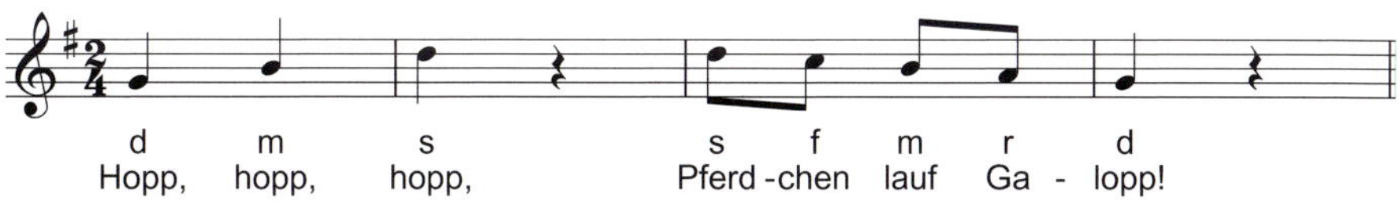

Beispiel 3: Auf- und abwärts Melodie

Ist ein Mann in'n Brunn gefallen | Volksweise | trad. Kinderlied

1–4

5. Unterrichtsbeispiel: **Intervall-Übungen: Der Sechstonraum la-so-fa-mi-re-do** (oder 6-5-4-3-2-1)

Material: ggf. Noten

Vorbereitung:

Singen Sie sich mit den Kindern kurz ein.

Der Mond ist aufgegangen

| Text: Matthiaas Claudius | Musik: Johann Abraham Peter Schulz

Lied für den pentatonischen Tonraum la-so-mi-re-do (6-5-3-2-1):

Dein Freund sein, das macht Spaß | Text und Musik: C. Mann

1–4

6. Unterrichtsbeispiele: **Intervall-Übungen: Die untere 5. Stufe (Unterquarte) – la-so-fa-mi-re-do-so,**

Töne, die sich unter dem Grundton „do" befinden, werden mit einem Strich am Fuß der entprechenden Solmisationssilbe „s," gekennzeichnet.

Material: ggf. Noten

Vorbereitung:
Singen Sie sich mit den Kindern kurz ein.

Eine kleine Nachtmusik | W.A. Mozart | Transposition für Kinder von C. Mann

Bruder Jakob (Frère Jacques) | Kanon für 4 Stimmen | Volkslied aus Frankreich

Tipp!

Auch gut geeignet sind die Lieder: „Es tönen die Lieder", „Kein schöner Land", „Das Wandern ist des Müllers Lust", „Oh Tannenbaum", „Im Frühtau zu Berge".

1–4

7. Unterrichtsbeispiel:
Intervall-Übungen: Das letzte Puzzleteil – die 7. und 8. Stufe do'–ti-la-so-fa-mi-re-do

Zunächst wird die 8. Stufe (Oktave) über dem bekannten Dur-Dreiklang bewusst gemacht. Ab der Oktave werden die Solmisationssilben mit einem Hochstrich gekennzeichnet.

Material: ggf. Noten

Vorbereitung:
Singen Sie sich mit den Kindern kurz ein.

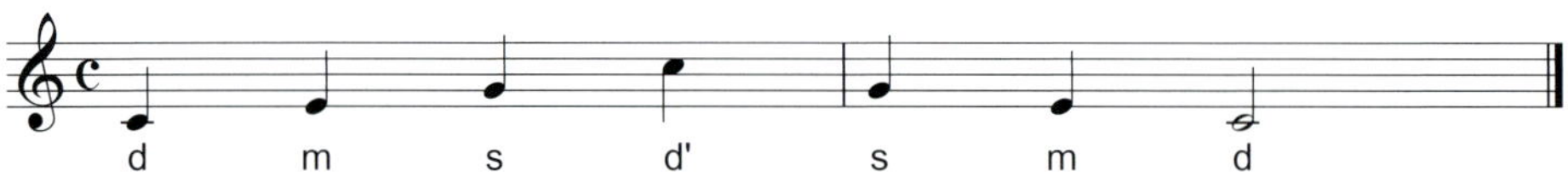

Anschließend kann die 7. Stufe als Leitton zur Oktave präsentiert werden. Dabei singen die Lernenden den Halbtonschritt zwischen „ti" und „do'" bewusst pendelnd, integriert in eine grundtonbezogene, einfache Melodie:

Die C-Dur-Tonleiter wurde komplett erarbeitet.

Der Tonleiter-Song | Modern und ansprechend begleiten | C. Mann

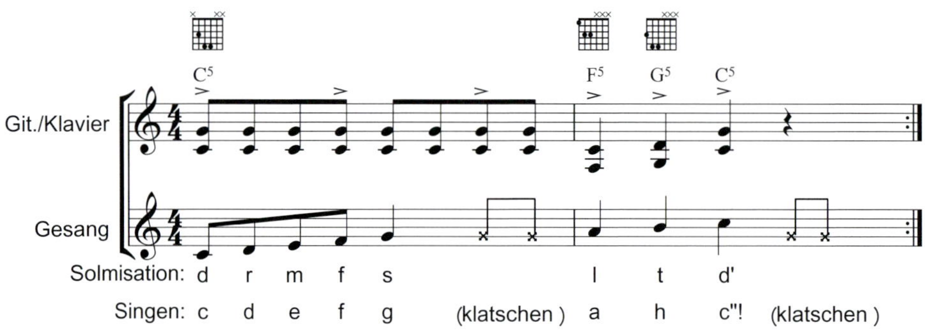

1–4

8. Unterrichtsbeispiel: **Moll-Tonleitern**

Die zu singende Moll-Tonleiter wird über die parallele Dur-Tonleiter erklärt. Dafür ist es wichtig, zu wissen, dass die (parallele) Moll-Tonleiter einer Grundtonverschiebung innerhalb der Dur-Tonleiter entspricht.

Die 6. Stufe (la) ist nun der Grundton der Tonleiter in bekannter Reihenfolge. Da „la" und „ti" tiefer als „do" sind, werden sie (wie die Unterquarte „s,") mit einem Strich nach unten markiert. Die Molltonleiter beginnt also mit la, ti, do re …

Material: ggf. Noten

Vorbereitung:
Singen Sie sich mit den Kindern kurz ein.

Solmisiert	la,	ti,	do	re	mi	fa	so	la
Stufen der Tonleiter	1	2	3	4	5	6	7	8
Intervalle Grundton	reine Prime	große Sekunde	kleine Terz	reine Quarte	reine Quinte	kleine Sexte	kleine Septe	reine Oktave
Tonschritt	Ganzton	Halbton	Ganzton	Ganzton	Halbton	Ganzton	Ganzton	

Durchführung:

1. Um ein Gefühl für die Moll-Tonleiter zu bekommen, ist es sinnvoll, zunächst den Moll-Dreiklang zu singen. Dieser erklingt beim Singen von „la-do'-mi' " oder „la,-do-mi". Und so finden Sie den Moll-Dreiklang l-d-m-d-l (auf- und abwärts) über bereits erlernte Solmisationssilben:
Variante 1:

Variante 2:

2. Um sich den Weg vom Dur-Dreiklang zum Moll-Dreiklang zu merken, empfiehlt sich für Kinder ein Singen auf Text. Das folgende Lied kann für Variante 2 als Unterrichtsgegenstand dienen.

Sterne funkeln über unser'm Feuerplatz

| Von Dur- zu Moll-Dreiklängen | Text und Musik: C. Mann

3. Anschließend kann die Moll-Tonleiter bis zur 6. Stufe bewusst gemacht werden:

55. DREIKLÄNGE ALS AKKORD ERLEBEN

Damit Kinder beim Singen „aufeinander hören" lernen, lassen sich bekannte Intervalle auch als Akkorde singen.

2–4

Unterrichtsbeispiel: **Gruppenweises Singen der Dreiklangstöne:**

Den Kindern ist der Dreiklang do-mi-so oder das Anfangsmotiv von „Alle Vögel sind schon da" bekannt. Teilen Sie die Klasse in drei Gruppen (Bankreihen) ein. Die erste Gruppe singt den Grundton des Dur-Dreilangs (do), die zweite Gruppe setzt anschließend mit der großen Terz (mi) ein. Ist der Zweiklang zu hören, setzt die dritte Gruppe mit der Quinte (so) ein. Singen Sie (oder eine vierte Gruppe) die Oktave auf den Dreiklang (do'). Nach einer kurzen Atempause (auf Ihr Zeichen) singen die Kinder das Lied wie bekannt weiter. Der Anfangsdreiklang funktioniert zu Beginn jeder Strophe.

Alle Vögel sind schon da | Dreiklänge aus bekannten Liedern singen

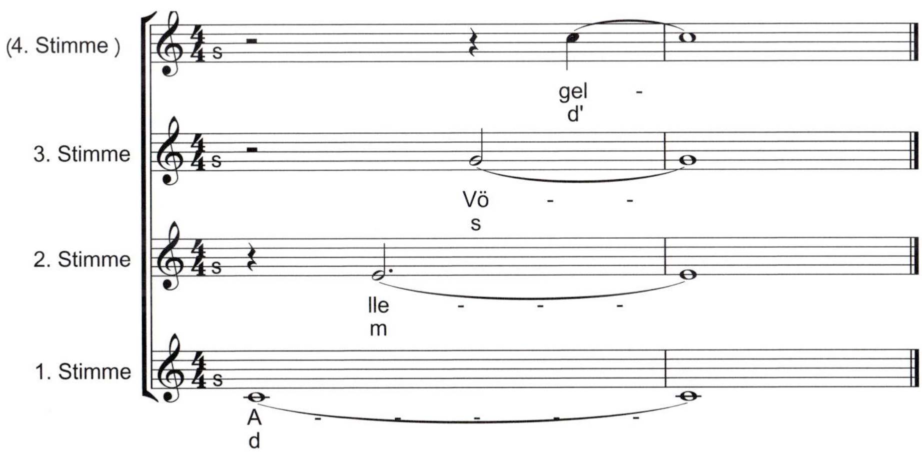

Text	„A"	„lle"	„Vö"	„gel"
Gruppe	Gruppe 1	Gruppe 2	Gruppe 3	Lehrer oder Gruppe 4
Solmisation	do	mi	so	do'
Stufen der Tonleiter	1. Stufe (c)	3. Stufe (e)	5. Stufe (g)	8. Stufe (c')
Intervalle	reine Prime	große Terz	reine Quinte	reine Oktave

56. EINEN KANON AUFNEHMEN

Für das Erarbeiten intonationsreiner Kanongesänge ist diese Methode prädestiniert.

1–4 Unterrichtsbeispiel: **Selbst ein Playback erstellen**

Das vorgestellte Unterrichtsbeispiel kann auf alle zweistimmigen Kanons angewendet werden. Aber auch mehrstimmige Kanons können Sie auf diese weise Schritt für Schritt erarbeiten.

Material:
Aufnahmemedium (Diktiergerät, Laptop/ PC mit Mikrofon oder professionelles Interface für Laptop/PC), Abspielmöglichkeiten (PC-Boxen)

Vorbereitung:
Singen Sie sich mit den Kindern kurz ein.

Durchführung:

1. Erstellen Sie zunächst ein Playback mit den Kindern, indem Sie das sicher erarbeitete, 2-mal nacheinander gesungene Lied aufnehmen.
2. Reflektieren Sie mit den Lernenden das entstandene Ergebnis und nehmen Sie es eventuell erneut auf.
3. Spielen Sie das Playback erneut ab und singen Sie die zweite Stimme des Kanons dazu.
4. Besprechen Sie gemeinsam die Einsätze und üben Sie nun, den Kanon zusammen zum Playback zu singen. Achten Sie dabei darauf, dass sich die Kinder am aufgenommenen Klassengesang sowohl rhythmisch als auch tonal-harmonisch orientieren.
5. Teilen Sie die Klasse in mindestens zwei Gruppen ein und singen Sie den Kanon ohne Playback. Achten Sie auf ein deutliches Geben der Einsätze.

57. ZWEISTIMMIGES SINGEN DURCH DAS ZUSAMMENFÜHRERN ZWEIER SEPARATER STIMMEN VERBESSERN

Zweistimmiges Singen wird im Musikunterricht der Grundschule oft noch stiefmütterlich behandelt. Um eine sichere Gesangsmelodie der jeweiligen Stimmen zu erreichen, ist ein kontinuierliches Arbeiten am bewussten Singen von Intervallen, wie in der relativen Solmisation (s. S. 105) beschrieben, die nachhaltigste Variante der Stimmbildung. Im Folgenden werden Möglichkeiten beschrieben, um schnell und effektiv zweistimmiges Singen zu verbessern.

3/4 Unterrichtsbeispiel: **Zwei separate Stimmen zusammenführen**

Begrüßungslied | Für zwei Stimmen | Text und Musik: C. Mann

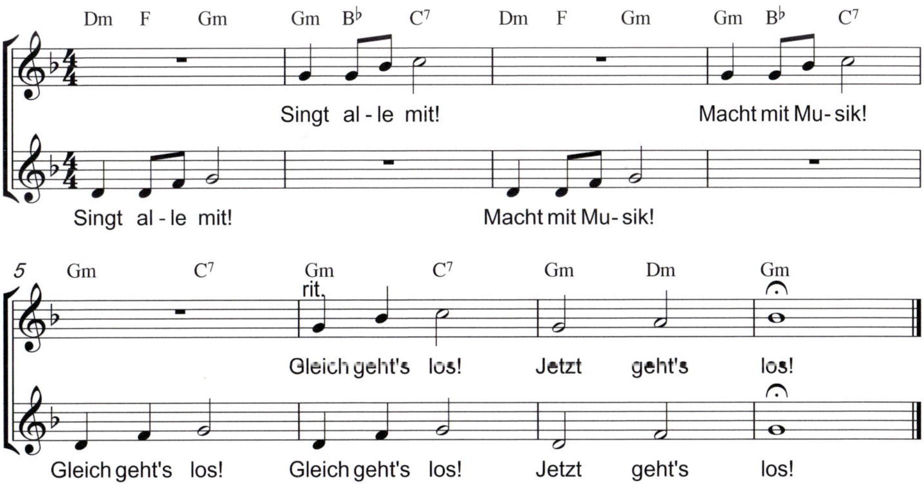

Material:

ggf. Noten

Vorbereitung:

Lernen Sie selbst Text und Melodie auswendig. Singen Sie sich mit Ihren Schülern ein. Dazu können Sie beispielsweise die Methoden 43 bis 51 nutzen.

Durchführung:

1. Lassen Sie die Schüler sich im Halbkreis aufstellen und teilen Sie die Klasse gut sichtbar in der Mitte auf, sodass eine Lücke entsteht, in die Sie sich als Gesangsleiter stellen können.

2. Stellen Sie das Lied vor: Singen Sie hierfür bei der ersten Präsentation die erste und die zweite Stimme immer im Wechsel bis Takt 6 vor. Geben Sie dabei bereits abwechselnd die Einsätze für die Stimmen, auf ihrer rechten und linken Seite, auch wenn diese noch nicht mitsingen können. Achten Sie darauf, dass Sie im Takt 6 nur die erste Stimme singen.

3. Wiederholen Sie das Lied bis Takt 6 unter deutlichem Zeigen der Einsätze und lassen Sie die zwei Halbkreise die unterschiedlichen Stimmen singen.

4. Thematisieren Sie Takt 5 und Takt 6, indem Sie die Melodie der tieferen Stimme 2-mal nacheinander singen lassen. Dabei setzt die höhere Stimme wie gewohnt mit „ihrer" erarbeiteten Melodie nach einem Takt ein. (s. Noten: Takt 5, 6). Achten Sie darauf, stets deutlich die Einsätze zu zeigen.

5. Erinnern Sie die Kinder, genau auf Ihre Zeichen (Einsätze) zu achten. Lassen Sie die Kinder das Lied von vorn singen. Signalisieren Sie in Takt 6 deutlich das gleichzeitige Singen der beiden Stimmen.

6. Wiederholen Sie das Lied bis Takt 6 so oft, bis beide Stimmen sicher ihre Melodie singen.

7. Erarbeiten Sie die Takte 7 und 8, indem Sie zunächst die tiefer gesungene Stimme beleuchten: Neben den leichten textlichen Abweichungen soll den Kindern auffallen, dass die Melodie gleich bleibt und „nur" rhythmisch in die Länge gezogen wird.

8. Anschließend singen Sie den Schülern (mit Blickrichtung zur Gruppe der höheren Stimme) die Takte 6, 7 und 8 der höheren Stimme vor. Wiederholen Sie die drei Takte und lassen Sie dabei die Kinder mitsingen.

9. Lassen Sie nun alle Sänger die Takte 5 bis 8 singen.

10. Singen Sie, wenn dies klappt, das ganze Lied.

58. ZWEISTIMMIGES SINGEN DURCH "CALL-RESPONSE" VERBESSERN

Der hier beschriebene Spiritual wird typischerweise in „Call-Response"-Form gesungen. Das heißt eine Gruppe singt eine Wortgruppe vor (Call = Frage) und diese wird meist mit einer zweiten, jedoch festgelegten Melodie, von einer zweiten Gruppe wiederholt (Response = Antwort, Echo).Daher lassen sich die Tonsprünge von erster zu zweiter Stimme für Grundschüler einfacher erfassen.

3/4

Unterrichtsbeispiel:
Intervalle von der ersten zur zweiten Stimme singen

Oh, when the Saints | Spiritual aus den USA | Arrangement: C. Mann

Material:
ggf. Noten

Vorbereitung:
Lernen Sie selbst Text und Melodie auswendig. Singen Sie sich mit Ihren Schülern ein. Dazu können Sie beispielsweise die Methoden 43 bis 51 nutzen.

Durchführung:

1. Erarbeiten Sie die erste Stimme mit den Kindern.
2. Ist diese sicher einstudiert, können Sie die zweite Stimme erarbeiten. Wichtig ist hierbei, stets die Tonabstände von erster zu zweiter Stimme zu festigen.
3. Üben Sie mit den Lernenden die neuen Tonabstände von erster zu zweiter Stimme separat und gründlich (s. Tabelle).
4. Stellen Sie genau die Melodie der zweiten Stimme des thematisierten Abschnitts vor und üben Sie diese sicher ein.
5. Verbinden Sie die beiden Stimmen Abschnitt für Abschnitt, indem Sie selbst die erste Stimme singen und die Schüler auffordern, mit der zweiten Stimme selbst einzusetzen.
6. Wiederholen Sie diese Vorgehensweise auch für die Erarbeitung der übrigen Abschnitte.

	a) Tonabstände separat üben	b) zweite Stimme separat üben
1.		
2.		
3.		
4.		

59. ZWEISTIMMIGES SINGEN DURCH AUFNEHMEN EINER STIMME VERBESSERN

Mit dieser Methode vermeiden Sie Verwirrung bei Zweistimmigkeit, indem die ganze Klasse zunächst unisono die erste Stimme singt. Beim gemeinsamen Singen der zweiten Stimme zum eigenen Klassengesang erfahren die Sänger, was es heißt, auf eine andere Stimme zu hören. Das gemeinsame Singen aller Kinder zum selbst aufgenommenen Playback gibt den Lernenden Sicherheit und Mut beim A-cappella-Singen.

3/4 Unterrichtsbeispiel: **Zweistimmigkeit aufnehmen**

Nutzen Sie PCs, Laptops oder sogar nur (gute) Diktiergeräte in Verbindung mit entsprechenden Abspielgeräten (PC-Boxen), um zweistimmiges Singen Ihrer Schüler für beispielsweise folgendes Volkslied zu verbessern.

Alle Vögel sind schon da | Volkslied | Text: Heinrich Hoffmann von Fallersleben

Material:
ggf. Noten

Vorbereitung:
Lernen Sie selbst Text, Melodie und Einsätze beider Stimmen auswendig. Singen Sie sich mit Ihren Schülern ein. Dazu können Sie beispielsweise die Methoden 43 bis 51 nutzen.

Durchführung:

1. Erarbeiten Sie zunächst die erste Stimme sicher mit allen Schülern.
2. Nehmen Sie die erste Stimme ggf. mit einer Begleitung (Gitarre, Keyboard, Klavier, Playback) mithilfe digitaler Technik auf und reflektieren Sie gemeinsam mit den Kindern die gesangliche Leistung. (Sollten Sie zum ersten Mal den eigenen Gesang mit Schülern auf diese Weise reflektieren, werden die Kinder befremdlich reagieren [„Das klingt ja wie im Kindergarten!"]. Klären Sie die Kinder über Knaben- und Mädchenstimmen auf und lassen Sie Verbesserungsvorschläge zu, z. B. Gesangshaltung beachten, deutlicher sprechen, mehr mit der Kopfstimme und nicht mit der Bruststimme singen.)
3. Spielen Sie das eben entstandene, selbst aufgenommene Playback ab und singen Sie die zweite Stimme live dazu.
4. Erarbeiten Sie mit den Lernenden die Melodie der zweiten Stimme separat.
5. Spielen Sie das eigene Playback erneut ab und singen Sie gemeinsam mit den Kindern die zweite Stimme dazu.
6. Sobald der Klassengesang der zweiten Stimme sicher und intonationsrein ist, teilen Sie die Klasse in zwei Gruppen und singen ohne Playback zweistimmig.

ZEITREISE – MUSIKKULTUR UND MUSIKGESCHICHTE

Dieses Kapitel soll Möglichkeiten aufzeigen, wie Sie Grundschülern musikhistorische Inhalte lebendig und mit Freude vermitteln können. Ich schlage Methoden vor, die das Kind als handelnden und damit nachhaltig lernenden Menschen in den Mittelpunkt stellen. Durch das Aufbauen einer emotionalen Beziehung zu Komponisten, das Spielen kurzer Ausschnitte berühmter Motive sowie sinnvolles Visualisieren von Fakten aus der Lebenswelt bedeutender Komponisten können anspruchsvolle Lernziele erreicht werden. Es geht nicht darum, auswendig dahergebetete Lerntexte in identische Lückentexte zu kopieren. Vielmehr zielen die Methoden in diesem Kapitel ab auf

- das Entwickeln einer Zeitvorstellung,
- das Schaffen von Toleranz gegenüber anderen Epochen und Stilrichtungen,
- das Singen und Spielen von Stücken berühmter Komponisten und
- das Erarbeiten von Lernhilfen zum Sammeln und Merken von historischen Fakten.

60. DAS INTERNET ALS ZEITMASCHINE KENNENLERNEN

Kinder zeigen selten „von Haus aus" Interesse an klassischer Musik. Mein Ansatz sieht zunächst das Beleuchten der historischen Lebensumstände vor, wobei ich versuche, mehrere Lernkanäle zu bedienen.

3/4 Unterrichtsbeispiel: **Die Zeit der Klassik – Beethoven**

Im Internet gibt es kostenlose, für Kinder aufbereitete und sehr informative Webseiten (s. Medientipps, S. 160), die Sie unbedingt mit Ihren Schülern besuchen sollten.

Material:
Laptop, Beamer oder interaktives Whiteboard

Vorbereitung:
Bereiten Sie die Technik vor und laden Sie die Seite:
www.beethoven-haus-bonn.de
Klicken Sie hier auf „Hallo Beethoven".

Durchführung:

1. Erläutern Sie den Kindern, auf welcher Webseite sie sind und dass sie nun ein Bild von Beethovens Arbeitszimmer sehen können.
2. Drehen Sie die Boxen laut. Fahren Sie mit der Maus ganz nach rechts, sodass Sie den Flügel sehen können. Weisen Sie die Kinder an, das Arbeitszimmer genau zu betrachten und auf Hintergrundgeräusche zu hören. Während die Schüler die Gegenstände betrachten, erklingen Geräusche wie in der Tabelle (s. u.) abgebildet.
3. Besprechen Sie mit den Kindern: „Was hast du gehört? Warum gab es dieses Geräusch vor 250 Jahren?"
4. Lösen Sie die Geräusche auf und vergleichen Sie mit den Kindern, ob es diese Geräusche noch immer gibt oder welche heute typischer sind.

Zusammenfassung der Geräusche auf **www.beethoven-haus-bonn.de**

Geräusch	früher	heute in Deutschland
Pferde	Kutsche als Haupttransportmittel	Auto, Bahn, Flugzeug
Hundegebell	streunende Tiere, Krankheiten	Tiere sind reine Heimtiere
Wind	Fenster nicht so dicht wie heute, einfacher, oft sehr kalt	hochisolierte Fenster, kein pfeifender Wind
Knisterndes Feuer	Kamin war Heizung, meist nur in einem Raum (Stube) Kerzen als Lichtquelle	Fernwärme-, Gas- oder Ölheizung in jedem Raum elektrisches Licht überall
Federgekritzel	Füllhalter mit Feder noch nicht erfunden, man schrieb mit Gänsefedern	Füller, Kuli, Tastatur, Laptop, PC, Touchscreen
Klaviermusik	Musik konnte noch nicht aufgenommen werden, jemand musste live spielen, um Musik zu hören; hier: Klavier	Radio, MP3-Player, CD, Schallplatte (!), Fernsehen, Handy, PC, Internet

Tipp!

Auf der Webseite gibt es viele weitere Informationen, welche sich die Kinder selbst erarbeiten können. Diese sind interessant umgesetzt und immer wieder mit Hörbeispielen gespickt. Da die Informationen zum Teil jedoch sehr textlastig sind, empfehle ich die Seite für die selbstständige Erkundung erst ab der 3. Klasse.

61. EINE VORSTELLUNG VON VERGANGENHEIT ENTWICKELN

Grundschülern fällt es oft schwer, sich vorzustellen, wie lang z. B. 1756 her ist. Daher empfehle ich, die Komponisten der Wiener Klassik (Haydn, Mozart, Beethoven) „in einen Topf" in die Zeit vor ungefähr 250 Jahren zu werfen. Mit dieser gerundeten Zeitangabe lässt sich nun ein Zeitstrahl mit Parallelen zur eigenen Familie herstellen.

3/4

Unterrichtsbeispiel: **Die Ur-Ur-Ur-Opa-Methode**

In der Praxis erwies sich diese Methode als effizienteste Art, eine ungefähre Vorstellung zu entwickeln, wie lang 250 Jahre wirklich her sind.

Material:
Tafel, Lineal, Stift, Heft oder Blatt Papier

Vorbereitung:
Zeichnen Sie einen leeren Zeitstrahl an die Tafel.

Durchführung:

1. Fragen Sie die Kinder: „Wer kann sich vorstellen, wie lange 250 Jahre her sind?" Haken Sie nach: „Vor wie vielen Jahren wurde deine Mutter geboren? Vor wie vielen Jahren wurden deine Großeltern geboren?"
2. Erklären Sie ihnen, dass Sie nun einen Zeitstrahl zeichnen werden. Damit sie sich besser vorstellen können, zu welcher Zeit z. B. Haydn lebte.
3. Dazu tragen die Kinder zunächst sich selbst auf dem Zeitstahl ein und gehen dann in Sprüngen von 25 Jahren rückwärts auf dem Zeitstahl bis sie 250 Jahre zurückgesprungen sind. Nun notieren Sie zusätzlich, wer zu den Zwischenlandungen in etwa immer geboren wurde.
4. Werten Sie die Zeitstrahlen mit den Schülern aus und zeigen Sie dabei auf die Vorfahren. „Haydn (und Mozart) lebte also zusammen mit deinem Ur-ur-ur-ur-ur-ur-ur-ur-Opa zusammen um das Jahr 1760.
5. Als Abschluss können die Kinder das genaue Geburtsjahr des Komponisten aufschreiben und einordnen.

62. KLASSISCHE MUSIK ERLEBEN

Nur wenn Schülern die Möglichkeit gegeben wird, sich selbst mit klassischer Musik zu beschäftigen, Melodien zu analysieren und sogar nachzuspielen, wird Wissen erlebt, vernetzt und gefestigt.

3/4 Unterrichtsbeispiel: **Lernsoftware nutzen**

Das Internet bietet kostenlose Materialien für einen Gebrauch im Unterricht auch ohne Internetzugang. In Verbindung mit Schul-PCs kann z. B. die Lernsoftware von Pollux ausdrücklich kostenfrei für den Unterricht verwendet werden.

Material:
Schüler-PCs, Lehrer-PC (oder Laptop), Beamer (oder interaktives Whiteboard), Schmierzettel, bei Kleingruppenarbeit Arbeitsaufträge ausdrucken

Vorbereitung: Laden Sie auf **www.pollux-lernsoftware.de** die Mozart-Lernsoftware herunter auf einen Stick. So können Sie die Software auch ohne Internetverbindung in der Schule auf Schulrechnern installieren.

Durchführung:

Lassen Sie die Kinder in Einzel- oder Partnerarbeit die Lernsoftware entdecken oder betrachten Sie gemeinsam mit den Kindern die Software über z. B. ein interaktives Whiteboard.

Beispielhafte Übungen

a) Hören und sichtbar machen: „Du hörst den Anfang von Mozarts kleiner Nachtmusik. Zeichne beim Anhören mit einem Stift den Melodieverlauf mit."

b) Melodieverläufe erkennen: „Vergleiche mit deiner Skizze. Welcher Notenausschnitt passt zu der gehörten Musik? Klicke auf das richtige Bild."

c) Hören und Melodieverläufe wiedergeben: „Höre dir die verschiedenen Töne an. Versuche, die Melodie mit der Maus (oder dem Finger bei interaktiven Whiteboards) nachzuspielen."

d) Wissensquiz im Stil von „Wer wird Millionär?"

63. Klassische Stücke singen

Mindestens genauso wichtig wie das Hören klassischer Musik und das Nachspielen markanter Themen ist das Singen klassischer Melodien. Hierfür bieten sich Lieder an, aber auch erfundene Texte, die der Melodie eines Themas zugeordnet werden, um sie singbar zu machen.

3/4

1. Unterrichtsbeispiel: **Komm, lieber Mai, und mache – Mozart**

Komm, lieber Mai | Musik: W.A. Mozart | Text: C.A. Overbeck

Material:

ggf. Noten oder Texte für die Kinder

Durchführung:

1. Singen Sie sich mit den Kindern ein.
2. Erarbeiten Sie das Lied mit den Kindern.

Tipp!

Um die „Verstaubtheit" aus klassischen Liedern zu nehmen, zeige ich Schülern Videos großer Auftritte von Kinder- und Jugendchören.
Auf den einschlägigen Videoplattformen finden Sie z. B. den Dresdner Kreuzchor.

3/4

2. Unterrichtsbeispiel: „Ode an die Freude“ 4. Satz, 9. Sinfonie – Beethoven

Tipp!

Da dieser Ausschnitt des letzten Satzes der 9. Sinfonie als offizielle Europahymne gilt, kann das Stück auch bei Europameisterschaften und natürlich bei Komponisten der Klassik thematisiert werden.

Ode an die Freude | Hauptthema des letzten Satzes aus der 9. Sinfonie | Musik/Text L.v. Beethoven/F. Schiller | Satz C. Mann

Hinweis

Die vorgezogene Viertel in Takt 12 habe ich pausiert. Diese Version ist für Grundschüler leichter zu singen.

Material:
Noten oder Text für die Kinder, ggf. für Overheadnutzung auf Folie kopieren

Vorbereitung:
Kopieren Sie die Noten oder Texte für die Unterrichtsstunde.

Durchführung:

1. Singen Sie sich mit den Kindern ein.
2. Singen Sie gemeinsam mit den Kindern Stück für Stück das Lied und setzen Sie es so zusammen.

Tipp!

Im Internet finden Sie eine moderne Aufnahme in Bild und Ton, gesungen und gespielt vom Jugendchor St. Stephan. Die Jugendlichen erzielen mit dieser Leistung einen enormen Vorbildcharakter für Grundschüler.

64. EINFACHE KLASSISCHE THEMEN SINGEN

Um Kindern die Möglichkeit zu geben, mit der eigenen Stimme klassische Melodien nachzuempfinden, bietet sich ein Textieren dieser Themen an.

3/4

Unterrichtsbeispiel: „In der Halle des Bergkönigs"

In der Halle des Bergkönigs | E. Grieg | Text C. Mann

Material:

CD: „In der Halle des Bergkönigs" (Peer Gynt Suite No. 1; Op. 46, 4. Satz – E. Grieg), Abspielgerät, Noten für jedes Kind

Vorbereitung:

Behandeln Sie „Peer Gynt" im Unterricht (z. B. mit Methoden wie auf S. 13, 38, 140 oder 153). Heben Sie die Beziehung E. Grieg und H. Ibsen hervor.

Durchführung:

1. Verteilen Sie die Noten. Lassen Sie die Kinder zunächst den Text lesen und besprechen Sie diesen anschließend gemeinsam.
2. Sprechen Sie den Text rhythmisch vor und lassen Sie ihn nachsprechen.
3. Singen Sie nun dazu das Lied einmal vor und geben Sie dabei mit der Hand den Melodieverlauf wieder.
4. Anschließend können die Kinder den Text zur Aufnahme singen.
5. Thematisieren Sie nun das Schnellerwerden der Melodie und das entstehende Problem mit einer unkorrekten Aussprache.
6. Zeigen Sie den Kindern, wie man deutlich und schnell sprechen kann. (Lippen nach vorn von den Zähnen schieben, sodass ein „Sprachrohr" entsteht.) Anschließend üben Sie gemeinsam das übertrieben deutliche Sprechen. Singen Sie anschließend erneut das Lied mit den Kindern.

65. EINFACHE KLASSISCHE THEMEN NACHSPIELEN

Beschäftigen sich die Schüler mit klassischer Musik, liegt es auf der Hand, auch die Musik eines Komponisten kennenzulernen. Um die Werke auseinanderhalten zu können, spielen die Schüler im Musikunterricht bekannte Anfangsthemen selbst nach. Hierfür habe ich die Stücke teilweise transponiert.

Vorbereitung:
Die Nutzung des stummen Klaviers (s. S. 71) ist bekannt. Alternativ können Sie die Notennamen mit den Kindern erarbeiten und Klebepunkte auf der Klaviatur anbringen.

Material:
für jedes Kind: Instrumente, Melodie-Notationen, stummes Klavier

3/4

1. Unterrichtsbeispiel: **5. Sinfonie; Op.67 – Beethoven nachspielen**

5. Sinfonie (Hauptmotiv) | L.v. Beethoven | Arrangement für Kinder: C. Mann

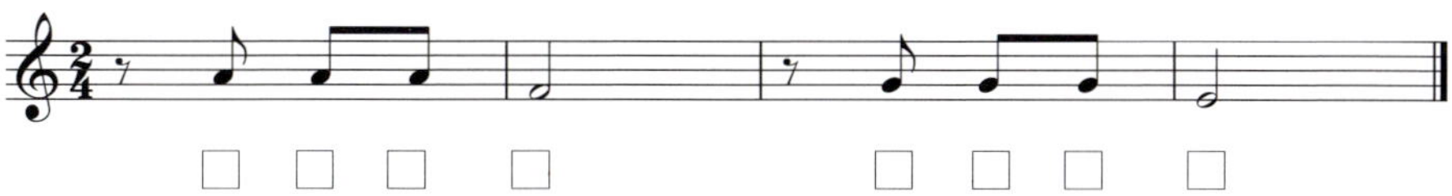

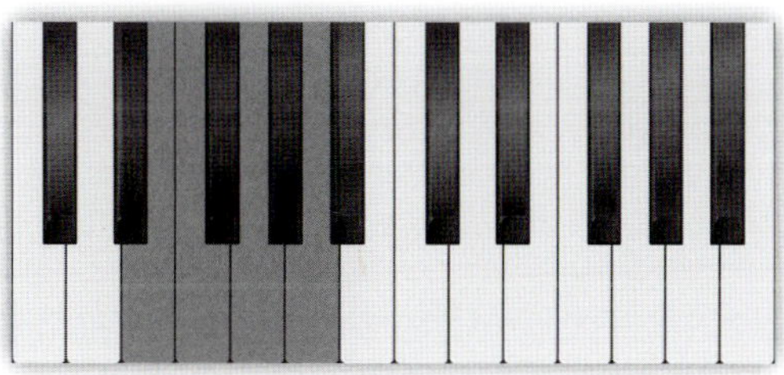

Durchführung:

1. Verteilen Sie die Noten und klatschen Sie zunächst mit den Kindern den Rhythmus.
2. Sie können nun mit den Kindern die Melodie zum Rhythmus singen. Dies hilft den Kindern später bei der Selbstkontrolle.
3. Nun können die Kinder zunächst die Tasten zu den entsprechenden Noten identifizieren und die Melodie spielen üben.

3/4

2. Unterrichtsbeispiel: **Eine kleine Nachtmusik;** Serenade Nr. 13; KV 525 – Mozart

Eine kleine Nachtmusik | W.A. Mozart | Transposition für Kinder von C. Mann

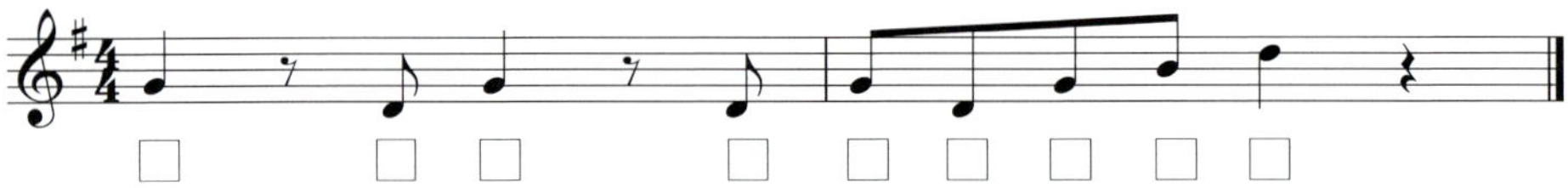

Durchführung:

1. Teilen Sie Noten und stummes Klavier aus. Aufgabe der Schüler ist es, die richtigen Notennamen unter die entsprechenden Noten zu schreiben. (Bleistift)
2. Lassen Sie die Schüler die Wiederholung der Pendelbewegung (g-d) zählen! (3 x g-d-Wechsel)
3. Heben Sie den Dreiklang g-h-d' hervor.
4. Lassen Sie mithilfe des stummen Klaviers die Melodie spielen.

Tipp!

Singen Sie die Unterquarte (s. S. 115) „g-d" mithilfe der relativen Solmisation (do-so,). Singen Sie anschließend den Dreiklang „g-h-d'" wie auf Seite 119 beschrieben.

3/4

3. Unterrichtsbeispiel: **Morgenstimmung Peer Gynt Suite No. 1, Op. 46, 1. Satz (Allegretto pastorale) – Grieg**

Morgenstimmung | E. Grieg | Transposition für Kinder von C. Mann

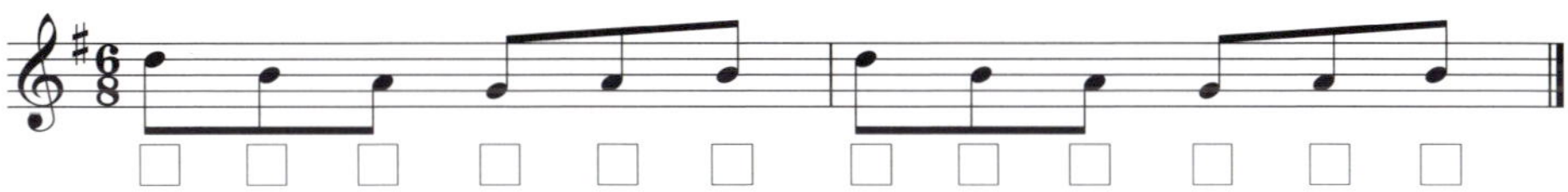

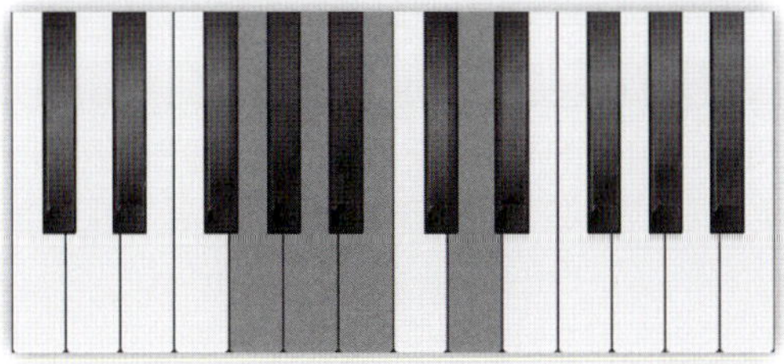

Durchführung:

1. Teilen Sie Noten und stummes Klavier aus. Aufgabe der Schüler ist es, die richtigen Notennamen unter die entsprechenden Noten zu schreiben. (Bleistift)
2. Betonen Sie, dass nur vier verschiedene Töne gespielt werden.
3. Heben Sie die Ab-und Aufwärtsbewegung hervor
4. Lassen Sie mithilfe des stummen Klaviers die Melodie spielen.

Tipp!

Singen Sie den Dreiklang abwärts „d'-h-g" wie auf Seite 119 beschrieben (so – mi – do) und fügen die zweite Stufe „a" (re) (s. S. 112) hinzu.

66. INHALTE KLASSISCHER WERKE HANDELND WIEDERGEBEN

Im Fach Musik soll die Methode dazu dienen, den Inhalt eines Werkes nicht nur rein auditiv oder visuell, sondern auch visuell und handelnd wiederzugeben.

1–4 Unterrichtsbeispiel: **Die Geschichtenkiste – Peer Gynt**

Die „Geschichtenkiste" ist vielen aus dem Fachgebiet der Deutsch-Methodiker bekannt und soll Kinder zum freien Schreiben inspirieren. Im Musikunterricht kann eine Geschichtenkiste mit Gegenständen und Bildern (Kulisse) bestückt werden, mit deren Hilfe ein Teil des Werkes „Peer Gynt" handelnd wiedergegeben werden kann.

Material:
Schuhkarton (mystisch als Geschichtenkiste gestaltet), Stellvertreter für: Trolle, Peer, Prinzessin, König, Kulissen (Hintergrundbilder von Wald, Berg, Höhle, Trollen etc.), CD: „In der Halle des Bergkönigs" (Peer Gynt Suite No. 1; Op. 46, 4. Satz – E. Grieg), Abspielgerät

Vorbereitung:
Informieren Sie sich über die Szene „In der Halle des Bergkönigs". Überlegen Sie sich, wie Sie die Handlung mit der Geschichtenkiste erzählen und spielen möchten.

Kurzfassung

Peer Gynt will die Prinzessin (Troll) heiraten. Als Peer des „Dovre-Alten Halle" betritt, lechzen die Trolle danach, ihn aufzufressen. Die lebensgefährliche Situation wird vom patriarchischen König der Trolle beendet. Der Trollkönig (Bergkönig) hört Peer an und genehmigt, nicht ganz uneigennützig, die Vermählung mit seiner Tochter. Peer hat dabei die Aussicht auf das halbe Königreich, solange der König lebt, und auf das ganze nach dessen Tode. Er willigt jedoch nur ein, wenn Peer einem Troll ähnlich wird. Zunächst muss er Rätsel lösen. Anschließend soll er manch ekelige Speisen zu sich nehmen, wozu er sich, mit Blick auf den Thron, überwinden kann.

Danach lässt er sich einen Trollschwanz anbringen. Als seine Zukünftige ihm vortanzt und aufspielt, erkennt er sie nicht. Stattdessen gibt er sehr abfällige Bemerkungen über die Aufführung ab. Dafür soll er sich unter anderem ein Auge ausstechen lassen. Er wehrt sich und auch an der Hochzeit ist er nicht mehr interessiert. Der Trollkönig ist außer sich und befiehlt, Peer zu töten. Trolle jagen und bedrängen ihn, und als Peer bereits unter einem Trollhaufen begraben liegt, ertönen ohrenbetäubend Glockenschläge, welche die Halle zum Einsturz bringen und die Trolle in die Flucht schlagen.

Tipp!

Die Übersetzung von Ibsens Gedicht von Hans Christian Andersen finden Sie auf www.projekt.gutenberg.de. Suchen nach Sie nach „Peer Gynt, Kapitel 5".

Durchführung:

1. Versammeln Sie die Kinder im Sitzkino und erzählen Sie die Geschichte Peer Gynts in der Halle des Bergkönigs. Unterstützen Sie die Geschichte durch die Verwendung der Figuren und der Kulisse.
2. An der Stelle, an der die Trolle beginnen, Peer Gynt zu bedrängen, lassen Sie leise das Stück als Hintergrundmusik abspielen.
3. Hören Sie die Musik anschließend mit den Kindern laut an und sprechen Sie gemeinsam über das Werk.
4. Lassen Sie einen Schüler die Geschichte wiederholen. Hierbei soll das Kind die Geschichtenkiste nutzen.

67. PORTRÄTS VON KOMPONISTEN WIEDERERKENNEN

Für viele Kinder sehen sich die Porträts verstorbener Komponisten zum Verwechseln ähnlich. Mit dieser Methode zeige ich, wie Schüler das Aussehen eines Komponisten verinnerlichen können.

1–4 Unterrichtsbeispiel: **Porträts selbst nachzeichnen**

Vorbereitung:

Die Schüler haben bereits Wissen über die Lebensumstände eines ausgewählten Komponisten erworben.

Material:

für jedes Kind: 1 Ausdruck des Porträts, 1 Stück Transparentpapier, 4 Büroklammern, Bleistift

Durchführung:

1. Lassen Sie das Porträt (z.B. van Beethoven), das Transparentpapier und die 4 Büroklammern austeilen und achten Sie darauf, dass jeder Schüler einen gespitzten Bleistift vor sich liegen hat.
2. Stellen Sie den Arbeitsauftrag: „Sieh dir das Porträt genau an. Was fällt dir auf?“ (zerzauste Haare, grimmiges Gesicht)
3. Sollten Sie bereits über Beethoven gesprochen haben, wiederholen Sie dieses Wissen: „Erinnere dich, was Beethoven in seinem Leben erlebte. Warum, denkst du, hat der Maler ihn so abgebildet?“
   Wiederholen Sie nochmals kurz die Lebensumstände (keine leichte Kindheit, Taubheit).
4. Fordern Sie die Kinder auf, das Transparentpapier auf das Porträt des Komponisten zu legen, es an allen vier Ecken mit Büroklammern zu befestigen (möglichst faltenfrei) und die Umrisse der Haare und des Gesichts etc. durchzupausen.
5. Lassen Sie die entstandene Skizze auf ein Arbeitsblatt, einen Steckbrief oder auch in ein gemeinsam erstelltes und in den Hefter der Lernenden übertragenes Tafelbild (s. S. 145) kleben.

68. WISSEN VERKNÜPFEN – PERSONEN IN BEZIEHUNG ZUEINANDER BRINGEN

Damit Faktenwissen mit musikhistorischem Schwerpunkt nicht als reiner Lerntext auswendig dahergebetet wird, sondern vielmehr vernetzt und visualisiert werden kann, habe ich mit Schülern gemeinsam ein Tafelbild entwickelt, auf welchem die beiden Freunde Grieg und Ibsen dargestellt und wichtige Fakten als Stichpunkte visualisiert werden. Die Schüler sind anschließend in der Lage, mithilfe des Tafelbildes die Entstehungsgeschichte der Peer Gynt Suite frei wiederzugeben.

3/4

Unterrichtsbeispiel: **Tafelbilder als Lernhilfe – Grieg und Ibsen**

Vorbereitung:

Informationen zu Komponist und Dichter wurden bereits erarbeitet und werden mit dieser Methode „nur" zusammengefasst. Die Applikationen müssen hergestellt oder ausgedruckt werden.

Material:

Tafel, Fotokamera oder interaktives Whiteboard, Applikationen:
1 Norwegen-Flagge, Noten als Stellvertreter für den Beruf des Komponisten, Porträts, Troll-Applikation

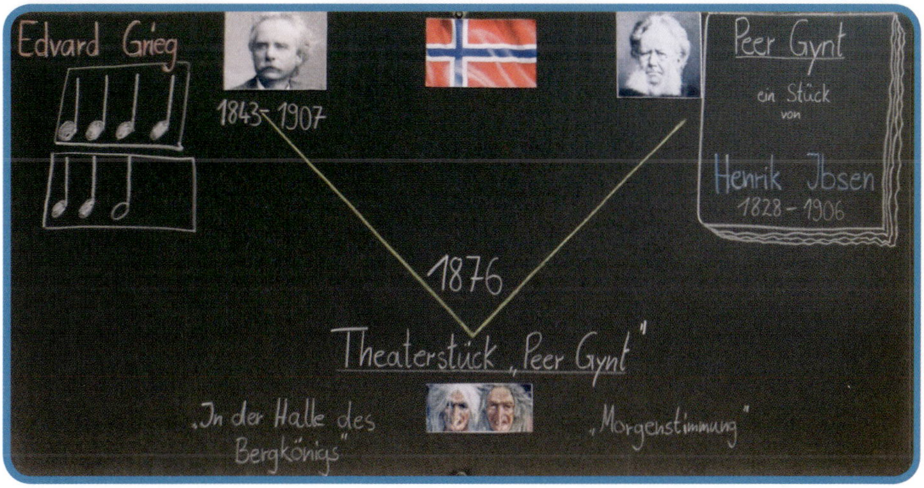

Durchführung:

1. Schreiben oder heften Sie zunächst die Namen des Komponisten und des Schriftstellers weit voneinander entfernt an die (Innen-)Tafel.
2. Präsentieren Sie den Kindern die Applikationen (an der geöffneten Außentafel): Porträt Griegs, Porträt Ibsens, zwei Norwegen-Flaggen, Noten-Applikation, Gedicht-Buch-Applikation.
3. Lassen Sie die Schüler die Applikationen an der Tafel zuordnen und ggf. korrigieren.
4. Zeichnen Sie zwei Pfeile von Grieg und Ibsen, die sich unterhalb der Applikationen in der Tafelmitte treffen.
5. Fragen Sie die Lerngruppe: „Wie heißt das Stück, das Ibsen schrieb und von Grieg vertont wurde?" (**Hinweis:** Bezug zum Lerntext, siehe S. 136.)
6. Fügen Sie „Peer Gynt" und die Troll-Applikation zum Tafelbild hinzu.
7. Visualisieren Sie an der Tafel die Lebensdaten beider Künstler und das Jahr der Uraufführung des Theaterstücks „Peer Gynt".
8. Fügen Sie gegebenenfalls besprochene Kompositionen hinzu.
9. Fotografieren Sie das Tafelbild ab und drucken Sie es für jedes Kind aus.

Tipp!

Entfernen Sie vor dem Abfotografieren und Ausdrucken die Skizzen der Porträts. Lassen Sie stattdessen die von den Kindern hergestellten Porträts (s. S. 142) aufkleben!

69. TAFELBILDER ALS LERNHILFEN

Damit Faktenwissen mit musikhistorischem Schwerpunkt nicht als Lerntext auswendig dahergebetet wird, sondern vielmehr vernetzt und visualisiert werden kann, habe ich mit Schülern erzeugte Mindmaps strukturiert und mit den Kindern zu einem Tafelbild umfunktioniert.

3/4 Unterrichtsbeispiel: **Mozart-Biografie**

Dieses „Tafelbild" ist gleichzeitig auch die Vorlage zum Lernen der wesentlichen Fakten zum Komponisten und seiner Lebensumwelt.

Wolfgang Amadeus Mozart

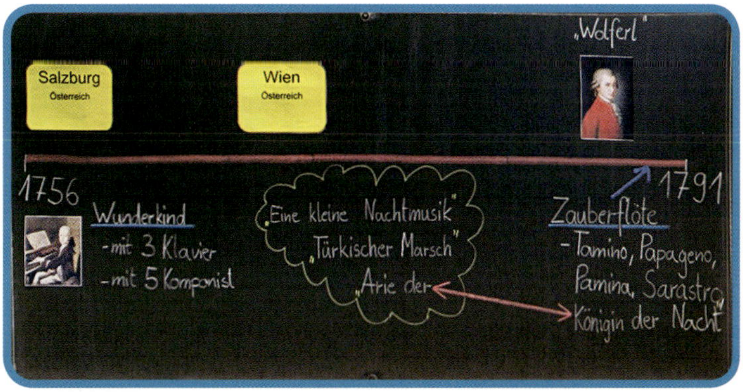

Material:

Tafel, Fotokamera oder interaktives Whiteboard, Tonträger oder Audio-Datei von „Eine kleine Nachtmusik", „Türkischer Marsch" und „Arie der Königin der Nacht", Applikationen: Ortseingangsschilder, Porträt

Vorbereitung:

Das Wissen über den Komponisten wurde bereits vermittelt und wird mit dieser Methode „nur" zusammengefasst. Die Applikationen müssen hergestellt oder ausgedruckt werden.

Tipp!

Drucken Sie das Tafelbild nicht einfach aus, sondern erstellen Sie ein ähnliches mit den Schülern gemeinsam.

Durchführung:

1. Zeichnen Sie eine farbige Gerade mittig über die gesamte (Innen-) Tafelbreite.

2. Schreiben Sie die Überschrift „Wolfgang Amadeus Mozart“ an die Tafel und heften Sie das Porträt (oder die Skizze s. S. 142) Mozarts an.
3. Lassen Sie Schüler das Geburts- und Sterbejahr an den Anfang bzw. das Ende der Geraden schreiben.
4. Präsentieren Sie die Applikationen (aufgeklappte Außentafel) und lassen Sie die Geburtsstadt sowie die größte Wirkungsstätte als Ortseingangsschild anbringen.
5. Thematisieren Sie das „Wunderkind“ Mozart, indem Fakten wie „mit 5 Komponist“ angeschrieben werden.
6. Spielen Sie ausgewählte (und thematisierte) Werke des Komponisten vor. Erkennt ein Schüler das jeweilige Stück, darf er dessen Namen zum Tafelbild hinzufügen.
7. Thematisieren Sie die Oper „Die Zauberflöte“ (Protagonisten) und stellen Sie visuell eine Verbindung zwischen der Oper und der „Arie der Königin der Nacht“ aus den vorgespielten Stücken her (Pfeil).
8. Fotografieren Sie das Tafelbild ab und drucken Sie es jedem Kind aus.

3/4 Unterrichtsbeispiel: **Beethoven-Biografie**

Dieses „Tafelbild“ ist gleichsam auch die Vorlage zum Lernen der wesentlichen Fakten zum Komponisten und seiner Lebensumwelt.

Ludwig van Beethoven

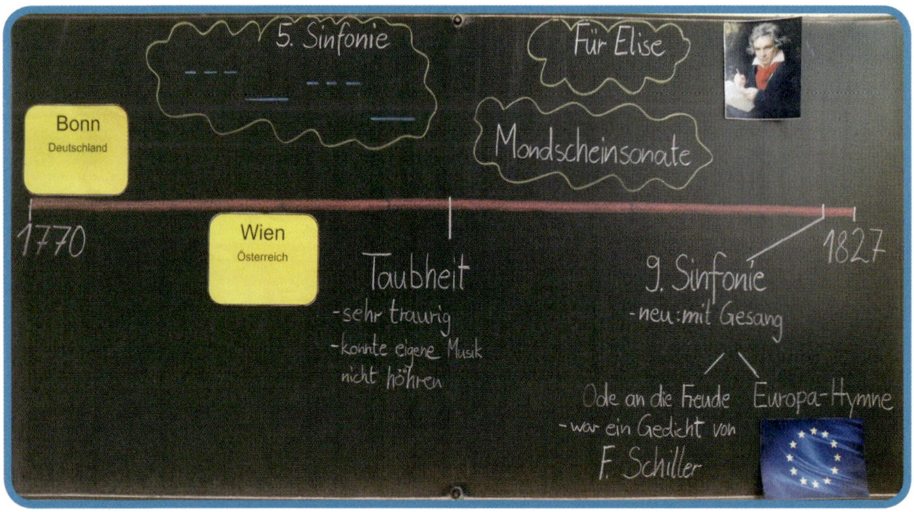

Material:
Tafel, Fotokamera oder interaktives Whiteboard, Tonträger oder Audio-Datei der 5. und 9. Sinfonie, „Für Elise" sowie „Mondscheinsonate", Applikationen: EU-Flagge, Ortseingangsschilder, Porträt, grafische Notation der 5. Sinfonie

Vorbereitung:
Die Informationen zum Komponisten wurden bereits aufbereitet und werden mit dieser Methode „nur" zusammengefasst. Die Applikationen müssen hergestellt oder ausgedruckt werden.

Tipp!

Nutzen Sie die Website **www.beethoven-haus-bonn.de**.

Durchführung:

1. Zeichnen Sie eine farbige Gerade mittig über die gesamte (Innen-)-Tafelbreite.
2. Schreiben Sie die Überschrift „Ludwig van Beethoven" an die Tafel und heften Sie das Porträt (oder die Skizze s. S. 142) Beethovens an.
3. Lassen Sie Schüler das Geburts- und Sterbejahr an den Anfang bzw. das Ende der Geraden schreiben.
4. Präsentieren Sie die Applikationen (aufgeklappte Außentafel) und lassen Sie die Geburtsstadt sowie die größte Wirkungsstätte als Ortseingangsschild anbringen.
5. Thematisieren Sie die völlige Taubheit Beethovens, indem ungefähr in die Mitte des Lebensstrahls Folgen der Krankheit für den Komponisten angeschrieben werden.
6. Spielen Sie ausgewählte (und thematisierte) Werke des Komponisten vor. Erkennt ein Schüler das jeweilige Stück, darf er dessen Namen zum Tafelbild hinzufügen.
7. Thematisieren Sie die 9. Sinfonie. Visualisieren Sie Querverweise zur heutigen Europahymne und zu Friedrich Schiller.
8. Heften Sie die grafische Notation der 5. Sinfonie auf dem Lebensstrahl zu Beginn des letzten Lebensviertels des Komponisten an. Lassen Sie die Kinder herausfinden, zu welchem Werk Beethovens diese Form der Notation passt.

9. Fotografieren Sie das Tafelbild ab und drucken Sie es jedem Kind aus.

Hinweis

Das Umwandeln des gemeinsam erstellten Tafelbildes für die Hand des Kindes kann auf verschiedene Art und Weise erfolgen. Die traditionelle Form ist, dass der Lehrer das Tafelbild erstellt und der Lernende dieses analog in seinen Hefter überträgt. Für das Porträt dienen einige Vorlagen in angemessener Größe und Transparentpapier. Auch ein Ausdruck oder das Fotografieren des Tafelbildes ist möglich. Sollten Sie über interaktive Whiteboards verfügen, ist dies die einfachste Methode, Tafelbilder mit beweglichen Elementen herzustellen. Analog hierzu kann auch ein Laptop und Beamer mit einem Bildverarbeitungsprogramm oder Powerpoint verwendet werden.

70. WISSEN VERNETZEN UND FESTHALTEN

Damit sich Kinder die Protagonisten und den Inhalt einer Oper einprägen, erarbeiten die Schüler in meinem Unterricht Mindmaps. Dadurch werden zunächst Fakten und Informationen gesammelt und anschließend zugeordnet und vernetzt. Der Lernerfolg ist gegenüber „Auswendiglerntexten“ signifikant.

2–4 Unterrichtsbeispiel: **Opern-Mindmap herstellen**

Material:

DIN-A3-Plakate, Notizblock, dunkle Filzstifte, Kleber

Vorbereitung:

Die Informationen zum Komponisten und zur Oper wurden bereits erlernt und werden mit dieser Methode „nur“ zusammengefasst. Schreiben Sie das Tafelbild an die Tafel und verdecken Sie dieses.

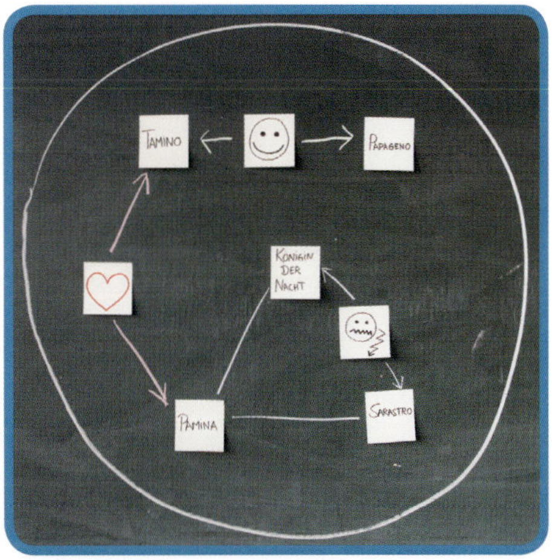

Durchführung:

1. Lassen Sie die Schüler mit einem Partner zusammenarbeiten.
2. Teilen Sie jedem Paar 8–10 kleine Notizzettel und ein Plakat aus.
3. Geben Sie folgenden Arbeitsauftrag: „Überlege mit deinem Partner: Welche fünf Figuren spielen in Mozarts Zauberflöte eine wichtige Rolle? Schreibt die fünf Hauptdarsteller gut lesbar auf die Notizzettel.“ (Tamino, Papageno, Pamina, Königin der Nacht, Sarastro)
4. Vergleichen Sie im Unterrichtsgespräch die Hauptdarsteller.
5. Geben Sie nun folgende Arbeitsaufträge: „Stellt aus den restlichen Notizzetteln Symbole für Freundschaft, Feindschaft und Liebe her. Legt die fünf Hauptdarsteller auf das Plakat. Legt die Symbole für Freundschaft, Feindschaft und Liebe zwischen die richtigen Darsteller.“

6. Überprüfen Sie anschließend die richtige Zuordnung (z. B. durch Aufdecken eines äquivalenten Tafelbildes).
7. Nun können die Kinder ihre Zettel aufkleben und die Beziehungen der Personen mit Pfeilen herstellen.
8. Abschließend können Sie die Kinder auffordern, die Geschichte der Zauberflöte mithilfe des Plakats nachzuerzählen.

Tipp!

Lassen Sie die Schüler eigene Opern-Mindmaps in Form einer Gruppenarbeit anfertigen. Hierfür kleben die Kinder die von Ihnen überprüfte Anordnung auf und können ein Plakat präsentieren.

Hinweis

Verbinden Sie das Vorstellen der jeweiligen Charaktere dieser Oper mit dem Vorspielen entsprechender Ausschnitte aus der „Zauberflöte"!

71. FAKTENWISSEN FESTIGEN UND ÜBERPRÜFEN

Informationen zu Komponisten müssen wiederholt werden, um sie zu festigen. Nach einer Erarbeitung kann die folgende Methode das Erlernte für Kinder attraktiv zusammenfassen.

3/4 Unterrichtsbeispiel: **1, 2 oder 3 – Komponisten-Quiz**

Ein Multiple-Choice-Quiz ist eine attraktive Methode, um bereits Erlerntes zu festigen. Für diese Methode beziehe ich mich auf die Fernsehshow „1, 2 oder 3".

Material:
Zahlenkarten (1, 2, 3) im DIN-A4-Format, PC/Laptop und Beamer, ggf. Whiteboard o. Ä., CD und Abspielgerät

Vorbereitung:
Bereiten Sie ein Quiz mit mindestens fünf Fragen vor. Wählen Sie eine Musik für die Bedenkzeit aus. Erstellen Sie ggf. eine Powerpoint-Präsentation.

Tipp!

Für noch mehr Lernfreude empfehle ich, jede Frage mit den dazugehörigen Antwortmöglichkeiten als Powerpoint-Seite aufzubereiten. Auch können Sie durch Fragen gut Musikstücke ins Quiz einbeziehen, wie: „Welches Stück ist aus der ‚Zauberflöte' bekannt?"

Durchführung:

1. Platzieren Sie die Zahlenkarten mit etwas Abstand nebeneinander im Raum und lassen Sie die Kinder Stühle und Tische ggf. an den Rand räumen.
2. Erklären Sie die Spielregeln: „Du hörst einen Satzanfang mit drei verschiedenen Satzenden. Welche Aussage ist richtig? Überlege, während die Musik läuft, und stelle dich zu der richtigen Zahl 1, 2 oder 3."
3. Spielen Sie mit den Kindern das Quiz und lösen Sie nach jeder Frage die richtige Antwort auf.

Mozart-Quiz

Satzanfang	Aussage 1	Aussage 2	Aussage 3
Mozart war …	… Italiener.	… Österreicher.	… Deutscher.
„Die Zauberflöte" wurde …	… nie ganz fertig.	… in Mozarts Jugend aufgeführt.	… kurz vor Mozarts Tod fertig.
Mozart wurde auch …	… Walter genannt.	… Wolferl genannt.	… Ami genannt.
Die meiste Zeit lebte er in …	… Wien.	… Berlin.	… Paris.
Er war ein Wunderkind, weil er …	… schon mit einem Jahr Klavier spielte.	… schon mit 2 Jahren bis 1 000 rechnen konnte.	… schon mit 5 Jahren komponierte.
Mozart lebte ungefähr vor …	… 500 Jahren.	… 250 Jahren.	… 50 Jahren.

72. ALTE MUSIK NEU GESPIELT

Sehr interessant sind für Schüler neue Interpretationen von klassischen Werken.

1–4 Unterrichtsbeispiel: **Berühmte Neuinterpretationen**

Material:
Abspielgerät (z. B. internetfähiger PC, Beamer etc.)

Vorbereitung:
Bereiten Sie die Audio- oder Videodateien vor.

Durchführung:

Variante A: Von der Klassik zur Moderne

1. Präsentieren Sie als Abschluss einer Unterrichtseinheit eine moderne Version eines im Unterricht besprochenen klassischen Werkes.
2. Besprechen Sie mit den Kindern die Unterschiede.
3. Stellen Sie kurz den Interpreten vor.

Variante B: Von der Moderne zur Klassik

1. Präsentieren Sie den Kindern zu Beginn einer Unterrichtseinheit die moderne Version eines Werkes des zu thematisierenden Komponisten.
2. Erfragen Sie: „Was schätzt du: Wie alt ist diese Komposition? Der Komponist dieser Musik lebte vor ungefähr 250 Jahren! Die Musik stammt auch aus dieser Zeit, wurde aber für andere Instrumente geschrieben."
3. Führen Sie nun Ihre Unterrichtseinheit fort.

Hinweis

Möchten Sie klassische Themen beispielsweise auf elektrischen Gitarren oder Synthesizern vorstellen, werden Sie im Internet vor allem bei unzähligen Amateur-Aufnahmen fündig. Aber auch seitens der kommerziellen

Musikindustrie gibt es moderne Interpretationen. Ich stelle hier einige für den Gebrauch in Ihrem Unterricht vor.
Tipp: www.YouTube.com ➡ „Classical Metal".

Komponist	Interpret
Grieg: „In der Halle des Bergkönigs"; Peer Gynt Suite No. 1 Op. 46, 4. Satz	Richi Blackmores Rainbow (E-Gitarre), Epica (Metalband, Orchester)
Beethoven: 5. Sinfonie; Op. 67	David Garrett (Streicher, Schlagzeug), Steve Vai (E-Gitarre)
Vivaldi: „Sommer"; Die vier Jahreszeiten; Op. 8 RV 315, 3. Satz	Joe Satriani (E-Gitarre), Vanessa Mae (Violine, Synthesizer)
Bach: „Toccata" und „Fuge in d-Moll"; BMV 565	Yngwie Malmsteen (E-Gitarre)
Mozart: „Türkischer Marsch"; Sonate Nr. 11 A-Dur KV 331, 3. Satz	Charlie Parra del Riego (E-Gitarre)

ANHANG

GLOSSAR

Akkord Das gleichzeitige Erklingen von drei oder mehr Tönen mit einer bestimmten harmonischen Funktion (accordare, lat. = zusammenklingen). Meist als Dreiklang durch Terzschichtung aufgebaut. In Liedern dienen Akkorde der Begleitung und geben der Melodie einen harmonischen Bezug.

Auftakt Ein dem Lied vorangehender unbetonter Taktteil. Ein Lied beginnt nicht auf der Hauptzählzeit 1, sondern auf einer schwächeren Zählzeit.

Beatwächter Ein Kind, das die Aufgabe hat, gleichmäßig die Zählzeiten eines vorgegebenen Taktes im vorgegebenen Metrum für alle Musiker hörbar zu zählen. Eine Art lebendiges Metronom mit Betonung der ersten Zählzeit.

Call and response engl. = Ruf und Antwort. Ist ein Wechselgesang zwischen Vorsänger und Chor, der in der afrikanischen Musik ein charakteristisches musikalisches Merkmal darstellt.

Crescendo ital. = anwachsend. Ist eine dynamische Vortragsbezeichnung und meint in der Musik: an Tonstärke zunehmend, lauter werdend. Abk.: cresc.

Decrescendo ital. = abnehmend. Ist eine dynamische Vortragsbezeichnung und meint in der Musik: an Tonstärke abnehmend, leiser werdend. Abk.: decresc.

Dreiklang Klang dreier Töne aus zwei übereinandergefügten Terzen: Grundton (unterer Ton), Terz (mittlerer Ton) und Quinte (oberer Ton). Stufen: 1, 3 und 5. Siehe auch: Akkord.

Dynamik Anwendung verschiedener Tonstärkegrade, also Lautstärke. (dynamis, griech. = Kraft, Stärke)

Einfache Kadenz Hauptdreiklänge einer Dur-Tonleiter aufgebaut auf der 1., 4. und 5. Stufe der jeweiligen Tonleiter. Dabei entsteht eine Begleitung mit Tonika (1. Stufe), Subdominante (4. Stufe), Dominante (5. Stufe) und erneut Tonika (1. Stufe).

Fingersatz Der Fingersatz ist ein Hilfsmittel in der Notenschrift. Er gibt dem Spieler Hinweise, mit welchem Finger er einen Ton spielen soll. In diesem Buch sind die Fingersätze für Grundschüler ohne besondere musikalische Vorkenntnisse im deutschsprachigen Raum beschrieben. Sie weichen daher von klassischen Fingersätzen ab.

Glissando Gleitende Veränderung der Tonhöhe. (franz.-glisser=gleiten)

Glottisschlag Der stimmlose glottale Plosiv, also die plötzliche Lösung eines Verschlusses der Stimmlippen. Dabei entsteht ein Knacklaut, der durch den aufgebauten Druck beim kräftigen Singen die Stimme schädigen kann. Um die Stimme gesund einzusetzen, muss darauf geachtet werden, dass auch „harte“ Vokale, wie bei „acht“ oder „ich“, „weich“ angesungen werden: (h)acht, (j)ich, um den Glottisschlag zu vermeiden.

Harmonie Das räumliche Miteinander mindestens zweier Töne, das akustische Ergebnis des Zusammenklingens von Tönen.

Intervall Abstand zweier Töne zueinander.

Intonation Die Feinabstimmung von Tonhöhen im tonal harmonischen Zusammenhang.

Kadenz Harmoniefolge. Eine Abfolge von Akkorden, die sich auf eine Grundtonart beziehen.
Siehe auch: *Einfache Kadenz.*

Klaviatur Auch Klavier-Tastatur: Anordnung der weißen und schwarzen Tasten des modernen Klaviers.

Klingende Stäbe Auch Klangstäbe. Einzelnes Element (bestimmte Tonhöhe) aus einem Stabinstrument mit eigenem Resonanzkörper.

Loop Immer wiederkehrende musikalische Figur.

Metallofon Stabinstrument aus Metall.

Metrum Synonym für den Takt. Die Folge von betonten und unbetonten Schlägen in einem regelmäßigen Betonungsmuster mit festgelegter Anzahl von Zählzeiten. Grundformen sind Zweier- und Dreiertakt.

Orff-Instrumente Nach Carl Orff benanntes , eigens für die musikalische Früherziehung entwickeltes Instrumentarium, um auch ohne instrumentale Vorbildung mit allen Kindern einer Klasse zu musizieren.

Ostinato Sich ständig wiederholende musikalische Figur. Heute auch Loop, Riff (Rockmusik) oder Vamp (Jazz) genannt.

Ostinatobegleitung Eine einfache, sich ständig wiederholende musikalische Figur, mit der ein Lied oder Liedteil ansprechend auch von Kindern begleitet werden kann.

Pentatonik griech.-penta = fünf. Fünftonmusik aus fünf Tonleiterschritten. Ältestes nachgewiesenes Tonsystem. In diesem Buch ist die Anhemitonische Pentatonik gemeint, also die Fünftonleiter ohne Halbtonschritte (c d e g a c oder d r m s l d')

Register Hier: Tonhöhenbereiche der menschlichen Stimme. Die verschiedenen Register, wie „Kopfstimme" oder „Bruststimme", sollten ohne hörbare Brüche miteinander verbunden werden können (s. Glottisschlag S. 157). Gerade die Kinderstimme bewegt sich oft im Randbereich zwischen der „Sprechstimme" und der „Kopfstimme", daher sind Stimmübungen zum Registerausgleich wichtig (s. S. 103).

Rhythmuspattern Siehe: *Ostinato* oder *Loop:* Ein rhythmisches Motiv, auch „Rhythmusbaustein".

Rhythmusstreifen Als Hilfsmittel in diesem Buch entwickeltes Raster, um Zählzeiten innerhalb eines Taktes kindgerecht zu visualisieren. Grundlage für grafische Notation und traditionelle Notation.

Shuffle Ein Rhythmus wird ternär umgesetzt. Zwei Achtel werden wie 3 Achteltriolen mit gebundener 2. Triole gespielt. Häufige Interpretationsform im Blues-Genre.

Solmisation Bereits im Mittelalter entwickelte Methode, um Tonhöhen auf festgelegte Silben zu singen. Dadurch ist die Zuordnung einer Silbe zu einem Ton innerhalb einer Tonleiter möglich. Man unterscheidet die absolute Solmisation, bei der eine Silbe einem festgelegten Ton zugeordnet ist, und die relative Solmisation, bei der sich eine Silbe auf einen vorgegebenen, aber variablen Grundton bezieht.

Stimmhygiene Übungen zum Schutz und Erhalt einer gesunden Nutzung der menschlichen Stimme.

Stabinstrument Auch Stabspiel, Mallet-Instrumente oder Aufschlag-diafone: Bekannteste Vertreter sind Xylofone und Metallofone. Klangplatten oder -stäbe (Holz, Metall, Stein) werden durch den Schlag eines Schlägels (Holz, Kork, Metall oder Kunststoff) zum Klingen gebracht.

Stummes Klavier Als Hilfsmittel in diesem Buch entwickelte Schablone zum Identifizieren (Lesen und Schreiben) von traditioneller Notation sowie zum Finden (Spielen) dieser Tonhöhen auf einem Tasteninstrument.

Tasteninstrument Instrument, bei dem der Ton über eine Klaviatur indirekt erzeugt wird. Eine Mechanik (oder Elektronik) erzeugt den eigentlichen Ton. (Klaviere, Keyboards, Celesta, Cembalo, Orgel)

Tempi Plural von Tempo: Die Geschwindigkeit, in der ein Stück gespielt wird. In Relation zur messbaren Zeit angegeben in bpm (beats per minute) = Schläge in einer Minute.

Tutti Alle Instrumente spielen zusammen. Gegenstück zum Solo.

Uni-Sono Mehrere Instrumente spielen das Gleiche zur selben Zeit. Es erklingt eine Einstimmigkeit.

Xylofon Stabinstrument aus Holz.

MEDIENTIPPS

Literaturtipps

Bartnitzky (Hrsg.)/Christiani (Hrsg.): **Die Fundgrube für jeden Tag.** Das Nachschlagewerk für junge Lehrerinnen und Lehrer. Lehrerbücherei Grundschule. Cornelsen Verlag, Scriptor, 2001. ISBN 978-3-589-05034-5

von Bastian/Fischer: Handbuch der **Chorleitung.** Chorleitung – Theorie und Praxis. Schott Music, 2006. ISBN 978-3-7957-5785-4

Geffers/Engelke: **Große Komponisten für Kinder.** Mit Audio-CD. Unterrichtsmaterialien zur aktiven Musikbegegnung. 3.–4. Klasse. Verlag an der Ruhr, 2009. ISBN 978-3-8346-0493-4

Hefele/YemenDzakis: **Jedes Kind kann singen.** Mit DVD. Stimmbildung in Kindergarten und Grundschule. Bosse, 2006. ISBN 978-3-7649-2645-8

Heygster: **Relative Solmisation.** Grundlagen, Materialien, Unterrichtsverfahren. Schott Music, 2012. ISBN 978-3-7957-0741-5

Heygster/Grunenberg: **Handbuch der relativen Solmisation.** Schott, 1998.

Mohr: **Handbuch der Kinderstimmbildung.** Studienbuch Musik. Schott Music, 2013. ISBN 978-3-7957-8704-2

Ribke (Hrsg.)/Dartsch (Hrsg.): **Facetten Elementarer Musikpädagogik.** Erfahrungen, Verbindungen, Hintergründe. ConBrio, 2002. ISBN 978-3-932581-48-9

Silberg: **Aber ich kann doch gar nicht singen!** Musik unterrichten für ‚Unmusikalische'. Verlag an der Ruhr, 1999. ISBN 978-3-86072-444-6

Steurich: **20 x Musik für 45 Minuten – Klasse 1/2.** Mit Audio-CD. Ausgearbeitete Stunden mit Materialien und Musikstücken. Verlag an der Ruhr, 2013. ISBN 978-3-8346-2318-8
Dieser Titel ist auch für die Klasse 3/4 erhältlich.
ISBN 978-3-8346-0962-5

Internettipps

- www.igel-records.de
- www.beethoven-haus-bonn.de
- www.pollux-lernsoftware.de/mozart.htm
- www.jdd-musik.de/
- www.junge-klassik.de/Entdeckt-die-Instrumente.html
- www.br-online.de/kinder/fragen-verstehen/musiklexikon/
- www.notenmax.de/#/klaviertastatur
- www.notenmax.de/#/musikinstrumente-basteln
- www.notenmax.de/#/spiel-der-notennamen